Wolfram Hänel

Vorsicht – strong currents!

Eine deutsch-englische Geschichte

Rowohlt Taschenbuch Verlag

Special thanks to U. F. and U. T.

Lehrermaterialien zu diesem Buch finden Sie unter
www.rowohlt.de/downloads/lehrer.
Sie können kostenlos heruntergeladen werden.

4. Auflage April 2013

Originalausgabe
Veröffentlicht im Rowohlt Taschenbuch Verlag,
Reinbek bei Hamburg, August 2006
Copyright © 2006 by Rowohlt Verlag GmbH,
Reinbek bei Hamburg
Lektorat Christiane Steen
Umschlagillustration Heribert Schulmeyer
Umschlaggestaltung any.way, Andreas Pufal
Satz Minion PostScript (InDesign)
bei Pinkuin Satz und Datentechnik, Berlin
Druck und Bindung Druckerei C. H. Beck, Nördlingen
Printed in Germany
ISBN 978 3 499 21366 3

Preface

Eigentlich hat alles damit angefangen, dass Tommi alleine in die Ferien wollte. Weil er fand, dass man mit fast sechzehn nun wirklich keinen mehr braucht, der auf einen aufpasst. Der guckt, ob die Schnürsenkel richtig gebunden sind, ob die Jacke auch wirklich zugeknöpft ist, der Pullover nicht zu warm ist, die Hose nicht zu tief hängt, die Haare gekämmt sind, die Zähne geputzt, die Hände gewaschen.

Und der einen dann auch noch ständig zu irgendwelchen Sachen mitschleift, die jedenfalls keinen interessieren, der fast sechzehn ist. Und Tommi hat genau gewusst, wovon er redet!

Von endlosen Wanderungen über irgendwelche Berge, auf die man erst mühsam hochklettern muss, nur, um dann mit Knien wie aus Gummi wieder runterzustolpern. Von irgendwelchen Kirchen, die genauso aussehen wie alle anderen Kirchen auch. Von irgendwelchen Burgruinen, die vielleicht als Burg mal ganz schön waren, so vor dreihundert Jahren ungefähr, aber inzwischen nicht viel mehr sind als ein paar Mauerreste, die in der Gegend rumstehen und darauf warten, dass irgendjemand kommt und sich beim Klettern die Knochen bricht. Wobei das Klettern sowieso meistens verboten ist. Genauso wie das Spielen auf der Rasenfläche, das Rennen auf den Wegen, das Fahren mit Fahrrädern, das Werfen mit Steinen, das Hinauslehnen, das Schaukeln, das Auf-den-Bo-

den-Spucken, das Sprechen, das Lachen, das Luftholen – alles verboten.

Nur Fotos machen, das ist erlaubt. Mutti vor der Kirche, Vati vor der Kirche, Tommi vor der Kirche. Mutti mit Vati vor der Kirche, Vati mit Tommi vor der Kirche, Kirche ohne Mutti, Vati oder Tommi, Tommi ohne Kirche.

Kurz gesagt, Tommi hatte die Nase gestrichen voll davon, noch mal irgendwann mit seinen Eltern irgendwohin zu fahren, wo ... siehe oben. Weshalb er dann auch beim Mittagessen damit rausgeplatzt ist. An irgendeinem Sonntag, als es gerade Hackfleischklöße mit brauner Soße gab.

«Hört mal zu, Leute», hat Tommi gesagt, «ich will nicht mehr. Ich hab die Nase gestrichen voll. Ich bin jetzt fast sechzehn, und ihr könnt mich nicht zwingen, noch länger mit euch wegzufahren. Schminkt euch das mal besser ab. Je früher ihr lernt, damit klarzukommen, umso besser für euch!»

Na gut, ganz genauso hat er es nicht gesagt. Aber fast so. Und unterm Strich kam es ohnehin aufs Gleiche raus.

«Also», hat Tommi gesagt, «ich habe da mal eine Frage, aber nur, wenn es gerade passt, so wichtig ist es nun auch wieder nicht ...»

«Frag ruhig», hat Tommis Vater gemeint, und Tommis Mutter hat ihm aufmunternd zugenickt und ihm einen neuen Hackfleischkloß auf den Teller gelegt.

«Na ja, also, es geht um den Sommer», hat Tommi erklärt, «genauer gesagt um die Ferien. Und da habe ich gedacht ...»

«Dass es langsam an der Zeit ist, dass du mal alleine wegfährst», hat sein Vater genickt und Messer und Gabel beiseite

gelegt. «Vollkommen richtig, Junge. Du musst lernen, auf eigenen Füßen zu stehen. Schließlich bist du schon fast sechzehn, und du kannst nicht immer nur am Rockzipfel deiner Eltern hängen!»

«G…genau», hat Tommi gestottert und vor Überraschung fast den letzten Bissen wieder auf das weiße Tischtuch gespuckt. «D…das habe ich gemeint.»

«Sag ich doch», hat sein Vater gesagt. «Und deine Mutter und ich haben auch schon darüber nachgedacht, wo du am besten hinfährst.»

«W…was?!», hat Tommi gemacht und gar nichts mehr kapiert, «w…wie meint ihr das?»

Irgendwie schien ihm das Ganze plötzlich in die falsche Richtung zu laufen. Er selber hatte jedenfalls noch keine zehn Minuten darüber nachgedacht, wo er eigentlich hinfahren könnte, er hatte nur erst mal alleine weggewollt, das war schon alles gewesen. Klar, sein Freund Fabian hatte mal was davon erzählt, dass er vielleicht nach Kroatien fahren würde. Mit irgendeiner Jugendgruppe von der Kirche, und dass es doch toll wäre, wenn Tommi mitkäme. Wobei sich Tommi nicht so sicher war, ob er unbedingt mit einer Jugendgruppe von der Kirche wegwollte. Auch wenn Fabian gesagt hatte, dass sie nur abends vorm Essen mal kurz beten würden und das Ganze ansonsten nicht viel mit Kirche zu tun hätte. Und dass außerdem jede Menge Mädchen dabei wären. Die zwar leider in einem anderen Zelt wohnen würden, aber trotzdem. Hatte Fabian gesagt.

Aber jetzt schien es plötzlich, als wäre längst schon wieder alles abgemacht. Als hätten seine Eltern längst entschieden, wie Tommis Ferien aussehen würden, und als könnten die Mädchen von der Kirchengruppe sogar im gleichen Zelt sein, völlig egal, Tommi jedenfalls hätte gar nichts davon!

«Ferien sind dazu da, dass man die Zeit sinnvoll nutzt», *hat Tommis Vater erklärt,* «und das geht nicht, wenn man den ganzen Tag faul am Strand liegt und hinter Mädchen herguckt.»

«Obwohl ein bisschen Schwimmen und Spaßhaben natürlich auch dazugehören», *hat Tommis Mutter schnell eingeworfen. Als wollte sie Tommi trösten. Oder auf irgendetwas vorbereiten, was gleich noch kommen würde ...*

«Natürlich», *hat Tommis Vater genickt,* «aber vor dem Vergnügen kommt der Schweiß. Und das ist auch gut so. Per aspera ad astra. Durch Kampf zu den Sternen!»

«Hä?», *hat Tommi gemacht und endgültig gewusst, dass der Tag irgendwie im Eimer war. Und die Ferien mit Sicherheit genauso.*

«Es ist alles in trockenen Tüchern», *hat Tommis Vater zufrieden erklärt,* «ich habe gestern sogar schon das Geld überwiesen, da kann gar nichts mehr schief gehen. Du fährst im Sommer mit einer Jugendgruppe nach England. Sprachurlaub! Drei Wochen lang. Vormittags Unterricht und ...»

«Nachmittags könnt ihr dann schwimmen und Spaß haben», *hat Tommis Mutter weitergemacht.* «Es klingt wirklich gut. Alles organisiert, weißt du, ihr fahrt sogar einmal alle zusammen nach London! Und du wohnst in einer echt englischen Gastfamilie, ist das nicht toll?»

«Ich hoffe jedenfalls, dass man das Ergebnis hinterher an

deiner Englischnote sehen wird», hat Tommis Vater noch hinzugesetzt, bevor er sich den letzten Hackfleischkloß aus der Schüssel geangelt und gesagt hat: «The meat balls are very delicious.»

Und Tommis Mutter hat Tommi über die Haare gestreichelt und gemeint: «Es wird bestimmt schön. Guck mal, ich war mit fünfzehn doch auch in England. Und ich hatte nur ganz zu Anfang ein bisschen Heimweh, aber das ging schnell vorüber. Wenn man erst mal neue Freunde gefunden hat, denkt man gar nicht mehr an zu Hause.»

«Schon klar», hat Tommi gemeint, «macht euch mal keine Sorgen. Wenn es mir nicht gefällt, kann ich ja immer noch die Queen entführen oder so was, dann schicken sie mich ganz schnell wieder nach Hause!»

«Haha», hat Tommis Vater nur gemacht.

Und während Fabian in den nächsten Wochen ohne Pause davon gefaselt hat, wie er in Kroatien erst schnorcheln lernen wird und dann mit irgendwelchen Mädchen zu irgendwelchen einsamen Inseln rüberschwimmen, um ihnen die Unterwasserwelt zu zeigen, hat Tommi nur eine lange Liste geschrieben. Wie er es in England am besten anstellt, dass sie ihn möglichst schnell wieder nach Hause schicken. Ganz oben auf der Liste stand:

1. Gleich am ersten Tag stocksteif umfallen und liegen bleiben.

Und dann:

2. Den Gastvater mit den Worten begrüßen: Great, you look like Frankenstein himself!

3. Der Gastmutter in den Hintern kneifen.
4. Falls die Gasteltern kleine Kinder haben sollten, ihnen ihr Spielzeug kaputtmachen.
5. Zu irgendwelchen Polizisten sagen: I've seen you before. It must have been in the zoo. But you were in the cage with the chimpanzees then.

Dann ist ihm nichts mehr eingefallen. Egal wie sehr er sich das Gehirn zermartert hat. Außerdem hatte er auch gar keine Zeit mehr, noch länger zu grübeln. Weil seine Mutter schon damit angefangen hatte, den Koffer zu packen. Und weil er jede freie Minute damit beschäftigt war aufzupassen, dass sie nicht auch noch seine Wanderschuhe einpacken würde. Oder den Pullover mit der bescheuerten Aufschrift IT'S NICE TO BE A PREISS, IT'S HIGHER TO BE A BAYER. Oder seinen Konfirmationsanzug, seine weißen Tennissocken, zehn Paar Reserveunterhosen und die gefütterte Winterjacke, in der er aussah wie ein Heißluftballon kurz vorm Absturz …

〰 One

Der Bus steht mit laufendem Motor auf dem Parkplatz vorm Bahnhof. Es stinkt nach Dieselqualm. Der Fahrer poliert mit einem Tuch, das aussieht wie ein altes Unterhemd, den Rückspiegel. Als Tommi seinen Koffer anschleppt, nickt er wortlos zu der geöffneten Ladeklappe. Tommi wuchtet den Koffer zwischen die anderen Gepäckstücke. Jetzt kommt das Schwierigste. Tommi muss es irgendwie hinkriegen, sich von seinen Eltern zu verabschieden. Und zwar möglichst, ohne dass die anderen, die schon im Bus sitzen, irgendwas davon mitkriegen. Weshalb er seinen Eltern auch verboten hat, ihn bis zur Tür zu bringen. Jetzt stehen sie zwischen den Taxis und verrenken sich die Köpfe, um auch ja zu sehen, ob alles gut geht. Also ob Tommi nicht aus Versehen über die Trittstufen stolpert. Oder gar beim Einsteigen seine Hose verliert. Oder sich einfach umdreht und wegrennt.

Tommi hebt nur kurz den Arm und winkt ihnen zu. Als seine Mutter anfängt, ihm Luftküsse zuzuwerfen, guckt er schnell woandershin und steigt ein. Er schiebt sich zwischen den Sitzen hindurch bis zu einem freien Platz in der vorletzten Reihe. Als er aus dem Fenster guckt, stehen seine Eltern draußen und winken. Seine Mutter haucht wieder Luftküsse durch die Scheibe, und sein Vater hält den ausgestreckten Daumen hoch. Seine Mutter ruft irgendetwas, wobei sie mit den Händen gestikuliert und das Gesicht verzieht, als würde sie für eine Taubstummen-Schule dolmetschen.

Die zwei Mädchen in der Reihe vor Tommi fangen an zu kichern. Jetzt dreht sich die eine halb zu Tommi um und ruft mit verstellter Stimme: «Mach's gut, Kleiner! Und pass schön auf dich auf!»

Die andere will sich kaputtlachen.

Tommi starrt wütend auf das Sitzpolster der Rückenlehne und versucht so auszusehen, als wären das da draußen vor dem Bus gar nicht seine Eltern. Und als würde es auch gar nicht um ihn gehen. Oder als wäre er gar nicht da.

«Nun fang bloß nicht noch an zu heulen», meint das Mädchen vor ihm. «Oder soll Mami kommen und dich trösten?»

Ihre Freundin kreischt vor Begeisterung.

«Haha», macht Tommi, «sehr witzig, wirklich.»

Seine Mutter klopft gegen das Fenster und macht schon wieder irgendwelche Handzeichen. Dann tut sie so, als würde sie sich die Nase putzen. Sie will wissen, ob Tommi genug Taschentücher dabeihat!

Tommi winkt mit der Hand, dass sie endlich verschwinden soll.

Plötzlich kommt eine Stimme von vorne, von der Tür her.

«Good morning, boys and girls!»

Tommi beugt sich zur Seite, um den Gang runterzublicken.

Und da steht Karl und grinst. Als er Tommis Gesicht

entdeckt, wird sein Grinsen noch breiter. Er kommt nach hinten und haut sich auf den Platz neben Tommi: «Na, Alter, everything okay?»

Tommi nickt nur und starrt Karl von oben bis unten an. Karl trägt schwarze Lederschuhe, die auf Hochglanz poliert sind, und dazu eine graue Stoffhose mit Bügelfalten, ein weißes Hemd und ein dunkelblaues Jackett mit irgendeinem Wappen auf der Brusttasche.

«Ich weiß», sagt Karl und zerrt seine Krawatte aus dem Kragen, «aber ich konnte nichts machen, meine Alten spinnen manchmal.»

«Schon klar», meint Tommi und nickt.

Die Mädchen auf den Sitzen vor ihnen kichern wieder.

«Sind wir hier im Kindergarten, oder was?», fragt Karl laut und knüllt seine Krawatte in die Jacketttasche.

Die Mädchen hören auf zu kichern.

«Gut, dass du dabei bist, Alter», sagt Karl und haut Tommi aufs Knie, «da sind wir immerhin schon zu zweit. Wollen wir den Engländern mal zeigen, was läuft. Hau rein, Alter, was?!»

«Klar», meint Tommi und zuckt mit der Schulter. «Machen wir.»

Karl grinst und rammt seine Knie in die Sitzlehne.

«He!», beschwert sich das Mädchen vor ihm sofort, «pass doch auf!»

«Halt's Maul, alte Kuh», sagt Karl und grinst schon wieder. «Ist doch so, oder?», sagt er dann zu Tommi. «Ist doch kein Kindergarten hier!»

Tommi nickt und schielt zum Fenster. Seine Mutter klebt immer noch an der Scheibe. Tommi guckt schnell wieder weg.

«Deine Alten nerven auch, was?», meint Karl. «Aber wenigstens haben sie dich nicht gezwungen, irgendwelche Lappen anzuziehen, wie man sie in England angeblich trägt!»

Er zerrt an den goldenen Manschettenknöpfen seines Jacketts. Bis er einen Knopf abgerissen hat und ihn mit den Fingern in die Reihe vor ihnen schnippt. Zu den beiden Mädchen, die aber diesmal nichts sagen.

«Dafür hat mir meine Mutter mindestens dreißig Päckchen Taschentücher eingepackt», meint Tommi leise.

«Echt?», fragt Karl.

«Echt», nickt Tommi.

«Sag ich doch», erklärt Karl, «alle Alten spinnen.»

Jetzt hat er auch den zweiten Knopf abgerissen und schnippt ihn nach vorne ...

Karl ist bei Tommi in der Klasse. Aber man kann nicht gerade behaupten, dass sie besonders gute Freunde wären. Eigentlich eher im Gegenteil. Karl nervt ihn meistens, vor allem mit den blöden Sprüchen, die er ständig macht. Obwohl Tommi auch zugeben muss, dass er Karl manchmal fast bewundert. Weil Karl sich wirklich von niemand was gefallen lässt und sich Sachen traut, die sich sonst keiner traut. Wie einfach zu sagen, was er gerade denkt. Weshalb er bei den Lehrern auch nicht unbedingt beliebt ist. Und die meisten in der Klasse haben Angst, dass irgendein Lehrer denken könnte, sie wären mit Karl befreundet. Was Karl aber absolut nicht zu stören scheint!

Jedenfalls war Tommi nicht wirklich begeistert davon, als sich vor zwei Wochen durch Zufall rausgestellt hat, dass Karl ausgerechnet für den gleichen Sprachkurs angemeldet ist wie Tommi selber. Aber jetzt fängt Tommi langsam an, es gar nicht so schlecht zu finden, dass Karl dabei ist. Karl hat schon Recht, da sind sie immerhin schon mal zu zweit!

In dem Lautsprecher über ihnen knackt und kratzt es.

Vorne neben dem Busfahrer steht ein Typ mit einem Mikrophon in der Hand.

Der Typ erinnert Tommi an irgendjemand. An irgendeinen Schauspieler, von dem seine Mutter schwärmt. Er kommt nicht auf den Namen, aber der Typ sieht echt genauso aus.

Die beiden Mädchen in der Reihe vor ihnen kichern wieder.

Der Typ mit dem Mikrophon hebt die Hand.

«Welcome on board, guys», kommt seine Stimme reichlich verzerrt aus dem Lautsprecher. «May I introduce myself, please, my name is Ernest, I'm Johnny Depp's younger brother. But that is of no importance, let's pretend I'm just an ordinary English teacher, and I'm only here to rule and regulate you for the next three weeks ...»

Er lacht.

«Hä?», macht Karl, «was labert der da? Was für ein Depp überhaupt? Wer ist der Typ?»

«Unser Englischlehrer», sagt Tommi, «und Johnny Depp ist ein Schauspieler.»

«Aber wieso ... Hä? Ich kapiere überhaupt nichts!»

Der Typ, der behauptet, dass er Johnny Depps kleiner Bruder wäre, redet schon wieder weiter. Und er scheint sich extrem witzig zu finden dabei. Jedenfalls spielt er eindeutig den Clown. Tommi weiß auf Anhieb, dass er ihn nicht mag.

«We've got quite a long trip before us», erzählt er gerade. «If anyone has any problems or feels sick, don't hesitate to tell me. The driver won't stop anyway, since we've got no time to lose ...»

Er lacht schon wieder. Karl guckt fragend zu Tommi.

«Wir sollen Bescheid sagen, wenn uns schlecht wird», übersetzt er, «aber wir haben keine Zeit, um anzuhalten.»

«Logisch», nickt Karl und tippt sich an die Stirn. «Alles klar!»

«Well», krächzt es aus dem Lautsprecher, «stop smoking and fasten your seat-belts, please. The weather isn't too bad, according to the radio there is no traffic jam, and the driver isn't drunk yet, quite good conditions for a safe journey, I'd say. So then, let's hit the road ...»

Er steckt das Mikrophon zurück in die Halterung und fummelt irgendetwas am Radio. Dann schiebt er eine CD ein. Im nächsten Moment dröhnt irgendwelche Musik aus den Lautsprechern. Irgendein Song, den Tommi noch nie gehört hat. Irgendwas von früher.

«Was soll das?», fragt Karl, «will der uns fertigmachen?

Redet der jetzt etwa die ganze Zeit nur Englisch, oder was? Ich habe kein Wort verstanden, du etwa?»

Tommi schüttelt den Kopf. «Auch nicht alles», sagt er. «Irgendwas, dass es keine Staus gibt und der Fahrer nicht betrunken ist.»

«Na klasse», meint Karl. «Der spinnt doch, der Typ», setzt er dann hinzu.

Tommi hört, wie das Mädchen vor ihnen zu seiner Freundin sagt: «Ich finde ihn irgendwie total süß.»

«Er sieht aus wie Johnny Depp», kichert die Freundin.

«Weil er sein kleiner Bruder ist.»

«Echt?»

«Hat er gerade gesagt ...»

«Ist ja irre!»

Der Fahrer legt den Gang ein. Aus den Augenwinkeln sieht Tommi, wie seine Mutter ein Stück neben ihnen herrennt. Während sein Vater wieder den Daumen hochreckt.

«Die spinnen doch alle», erklärt Karl und zerrt sich sein Jackett von der Schulter. Als er sich dabei kurz nach vorne beugt, hebt Tommi schnell die Hand, um seiner Mutter zuzuwinken. Irgendwie wäre es doch ganz schön gewesen, wenn sie ihn noch mal in den Arm genommen hätte. Aber das ging natürlich nicht. Nicht vor allen Leuten!

Sie biegen auf die Hauptstraße ein. Aber die nächste Ampel hat schon wieder Rot. Johnny Depps kleiner Bruder dreht die Musik noch lauter, als sie ohnehin schon war. Jetzt fängt er auch noch an, im Takt mit dem Kopf zu nicken. Und er singt eindeutig mit!

«Roll up, roll up for the Mystery Tour ... The Magical Mystery Tour is waiting to take you away, waiting to take you away ...»

Peinlich, findet Tommi.

«Was für Musik ist das denn?», fragt Karl irritiert. «Was heißt das überhaupt? Magical Mystery Tour! Geht das um unsere Fahrt, oder was?»

Im nächsten Moment beugt er sich plötzlich über Tommi, um zum Fenster rauszustarren. Zuerst denkt Tommi voller Panik, dass vielleicht seine Mutter immer noch neben dem Bus herrennt. Aber als er auch aus dem Fenster guckt, sieht er nur einen Mann, der mit seinen Armen wedelt, als ginge es um sein Leben.

Die Ampel schaltet auf Grün. Der Busfahrer gibt Gas.

«Mein Alter», stöhnt Karl und nickt zum Fenster raus. «Er spinnt. Als würde ich für immer wegfahren oder so.»

Karl lässt sich in seinen Sitz zurückfallen und starrt vor sich hin, ohne noch irgendwas zu sagen.

Und Tommi hat das Gefühl, dass auch Karl es gar nicht so schlecht gefunden hätte, wenn sein Alter ihn noch mal umarmt hätte.

«The Magical Mystery Tour is coming to take you away, coming to take you today ...», dröhnen die Lautsprecher gegen das Motorengeräusch an. *«Roll up, roll up for the Mystery Tour ...»*

Two

Der Englischlehrer ist nicht der kleine Bruder von Johnny Depp. Was ja aber eigentlich sowieso klar war. Er hatte sich nur irgendwie wichtig machen wollen. Wahrscheinlich hat er tatsächlich gedacht, dass seine Sprüche witzig wären. Aber in Wirklichkeit ist er einfach nur ein Spinner! Deshalb beschließen Tommi und Karl auch, ihn ab sofort nur noch Johnny Depp zu nennen. Sie finden beide, dass das eigentlich gut zu ihm passt. Depp wie Spinner!

Wenn Tommi irgendetwas überhaupt nicht mag, dann sind es Lehrer, die versuchen, sich einzuschleimen. Wie vorhin, als Johnny Depp von einem zum anderen gegangen ist und einen auf «persönlich» gemacht hat. Wissen wollte, wie jeder heißt und auf welcher Schule er ist und so was. Alles auf Englisch natürlich. Die Mädchen vor Tommi und Karl schienen das auch noch ganz toll zu finden. Jedenfalls haben sie Johnny Depp alles mögliche Zeug erzählt, was ihn absolut nichts anging. Und dabei mindestens genauso rumgeschleimt wie Johnny Depp selber. Dass sie sich total auf England freuen würden und solche Sachen: «England is sooo nice. And we are sooo happy to go there!»

Tommi und Karl haben sich nur angeguckt und die Augen verdreht. Als Johnny Depp dann zu ihnen kam, hat Karl einfach gesagt: «I don't speak English.»

Und Tommi hat genickt und erklärt: «Ich auch nicht.»

«We will soon change that», hat Johnny Depp gegrinst. Aber wenigstens hat er sie dann erst mal in Ruhe gelassen …

Inzwischen sind sie schon fast durch Holland durch. Die Fähre geht von Hook van Holland nach Harwich. Das letzte Mal, dass Tommi mit einem Schiff gefahren ist, war ein Ausflug mit seinen Eltern nach Helgoland. Erst hat es sogar noch Spaß gemacht, so zehn Minuten ungefähr, bis sie aus dem Hafen raus waren und das Schiff anfing zu schaukeln. Immer von einer Seite auf die andere, und entweder konnte man nur noch den Himmel sehen oder grünbraunes Nordseewasser. Der Rest der Fahrt war dann auch nicht mehr so gut, vor allem, als Tommis Vater behauptet hat, dass Wiener Würstchen mit Senf das einzig sichere Mittel gegen Seekrankheit wären. Aber wenigstens die Fische haben sich gefreut. Und Tommi hatte sich eigentlich geschworen, nie wieder einen Fuß auf irgendetwas zu setzen, das auch nur im Entferntesten wie ein Schiff aussieht.

Gerade beugt sich Karl zwischen den Sitzlehnen vor ihnen hindurch und fragt die beiden Mädchen, ob sie wüssten, wie die Fährfirma heißt, mit der sie gleich fahren würden.

«Nein, wieso?», fragt die eine schnippisch zurück, «ist das wichtig?»

«Klar», meint Karl, «Dutch Ferries, sagt euch das nichts?»

Die beiden schütteln die Köpfe.

«Echt nicht?», fragt Karl. «Mann, Leute, lest ihr keine Zeitung? Das sind doch die, die letztes Jahr mitten auf dem Meer aus Versehen die Klappen vom Autodeck aufgemacht haben, und zack, ist der ganze Kahn abgesoffen!»

«Iiiih!», kreischen die beiden Mädchen los.

Karl lehnt sich grinsend zurück und sagt so laut, dass sie ihn auch ein paar Sitzreihen weiter noch verstehen: «Aber immer noch besser, als wenn wir mit Hovercraft fahren würden. Die haben nämlich schon mal bei Nebel den Anleger verpasst und sind voll in die Felsen geschrubbt!»

Karl guckt Tommi zufrieden an.

«Jetzt machen sie sich gleich alle in die Hose vor Angst», sagt er. «Und jede Wette, dass sie die ganze Fahrt über an der Reling hängen und kotzen. Kindergarten, sag ich doch!»

Als sie in den Hafen einbiegen, guckt Tommi als Erstes auf den Schornstein der Fähre. P&O steht da in Riesenbuchstaben, kein Wort von Dutch Ferries.

«Muss ich mich wohl geirrt haben», meint Karl nur.

Was Tommi nicht weiter schlimm findet, eher im Gegenteil.

Die Fähre ist so groß, dass die Lastwagen auf dem LKW-Deck sogar wenden können. Müssen sie auch. Weil sie zum selben Tor wieder raus müssen, durch das sie reingekommen sind.

Wenn also irgendjemand unterwegs die Klappe aufmachen sollte, läuft das Wasser wenigstens nur von einer Seite rein. Weshalb dann hoffentlich noch genug Zeit bleibt, um rechtzeitig in die Rettungsboote zu klettern. Das Einzige, was Tommi wirklich irritiert, sind die Pfützen, die überall auf dem Fußboden vor sich hin schwappen. Und dass ein paar Seeleute gerade dabei sind, zwei schwere Motorräder mit Gurten festzuzurren. Wofür es sogar extra Ösen auf dem Boden gibt!

«Ist doch klar», meint Karl, «die Dinger würden sonst gleich bei der ersten richtigen Welle durch die Gegend fliegen.»

«Logisch», nickt Tommi.

Die anderen verschwinden durch eine Tür, die sich fauchend genau vor Tommis Nase schließt, gerade, als er ihnen folgen will.

Karl zeigt auf einen roten, handtellergroßen Knopf mit der Aufschrift «Push». Aber als Tommi drückt, passiert überhaupt nichts. Erst, als sie sich zu zweit gegen den Knopf stemmen, geht die Tür wieder auf.

Ein Lastwagenfahrer drängt sich an ihnen vorbei. Er zeigt grinsend auf Karls Jackett und sagt irgendetwas, das sie nicht verstehen.

«Ist der blöd, oder was?», fragt Karl und streckt ihm den Mittelfinger hinterher.

Tommi ist froh, dass der Lastwagenfahrer sich nicht nochmal umdreht.

Über Lautsprecher kommt eine Durchsage: «All passengers are requested to leave the car decks now. Admittance to cardecks isn't allowed during the voyage.»

«Das dauernde Gequatsche auf Englisch geht mir ganz schön auf den Wecker», stellt Karl fest.

Während sie die Treppen hochsteigen, überlegt Tommi, warum während der Fahrt eigentlich keiner auf dem Parkdeck sein soll. Er fände es gar nicht schlecht, wenn sie einfach im Bus bleiben könnten, um eine Runde zu pennen.

Er hat sowieso keine Lust, jetzt mit den anderen auf dem

Schiff rumzuhängen und nur darauf zu warten, wann ihm schlecht wird. Ihm ist jetzt schon schlecht! Es stinkt nach Dieselöl, und der ganze Kahn vibriert von den Schiffsmotoren.

Als sie an einem Fenster vorbeikommen, sieht Tommi, dass es angefangen hat zu regnen. Der Regen zieht dicke Schlieren über die Fensterscheibe. Die Hafenanlagen wirken grau und trostlos, schräg gegenüber liegt ein Seenotrettungskreuzer am Anleger.

Karl marschiert auf eine Tür zu, auf der in fetten Blockbuchstaben steht: STAFF ONLY.

«He, warte», sagt Tommi, «das ist falsch! Das ist nur für die Leute vom Schiff, glaube ich ...»

«Lass doch mal gucken, was da ist», meint Karl ungerührt und reißt die Tür auf.

Im selben Moment steht plötzlich jemand von der Besatzung vor ihnen. Ein Typ in einem weißen Jackett, mit goldenen Streifen auf den Ärmeln. Er guckt erst ein bisschen irritiert, dann packt er Karl einfach am Ellbogen und schiebt ihn zu einer anderen Tür. Er winkt Tommi, dass er ihm folgen soll.

«Enjoy your trip, lads», sagt er und verschwindet zwischen den Leuten, die sich vor ihnen drängen.

«He», sagt Tommi, «ich glaube, das war der Kapitän selber, hast du das gesehen? Mit den goldenen Streifen am Ärmel, meine ich. Das war bestimmt der Kapitän!»

«Kapitän! Reg dich wieder ab», meint Karl nur, «der Typ sah aus, als käme er vom Karneval!»

Sie stehen in einer Art Halle. Der Boden ist mit irgendeinem dicken Teppich ausgelegt. Über ihnen hängt ein Kronleuchter von der Decke. An den Wänden sind riesige Bilder von alten Segelschiffen, und überall glänzen Chrom und poliertes Holz. Das Ganze sieht jedenfalls eher aus, als wären sie in irgendeinem Luxushotel, denkt Tommi. Nur die Leute passen nicht so ganz dazu. Vor allem nicht die Motorradfahrer, die gerade direkt neben ihnen ihre Schlafsäcke auf dem Teppichboden ausrollen.

Mitten in der Halle steht Johnny Depp und guckt sich suchend um. Als er Tommi und Karl entdeckt, kommt er zu ihnen.

«You must be hungry», sagt er, «at least I am. Let's see if we can grab some food in the self-service restaurant over there ...»

Er steuert auf das Restaurant auf der anderen Seite zu. Als wäre es keine Frage, dass sie mitkommen würden.

Karl zuckt mit der Schulter.

«Okay», meint er, «gehen wir uns vergiften!»

«Ich komme nach», sagt Tommi, «ich muss erst mal aufs Klo.»

Das stimmt zwar nicht, aber ihm fällt gerade keine bessere Ausrede ein, warum er nicht mit ins Restaurant will.

Die Klos sind so riesig, dass glatt das halbe Schiff gleichzeitig pinkeln gehen könnte. Tommi starrt auf die lange Reihe Pinkelbecken und fragt sich, warum rechts und links von jedem Becken Haltegriffe angebracht sind. Er guckt sich um. Außer ihm ist keiner weiter da. Tommi tritt an ein Pinkelbecken und hält sich mit beiden Händen an den Griffen fest. Nur pinkeln kann so unter Garantie keiner! Im nächsten Moment weiß er die Lösung: Die Haltegriffe sind dazu gedacht, falls jemand schlecht ist und ...

Die Tür geht auf.

Tommi tut schnell so, als würde er sich gerade den Reißverschluss zuziehen.

Ein Mann kommt rein und stellt sich vor den großen Spiegel über dem Waschbecken, um sich die Haare zu kämmen. Obwohl da kaum noch Haare sind, die man kämmen könnte.

«Good-bye», sagt Tommi und will sich hinter dem Mann zur Tür rausdrücken.

«Hände waschen nicht vergessen, junger Mann!», ruft der Typ mit der Halbglatze. Auf Deutsch! Tommi macht, dass er wegkommt.

An der Tür zum Restaurant ist eine lange Schlange. Karl steht ganz vorne. Aber ausgerechnet, als Tommi schnell vorbei will, muss Karl sich umdrehen. Er winkt.

«Hier, ich hab dir schon ein Tablett besorgt», meint Karl und hält Tommi ein Tablett hin.

Auf der Tafel vor ihnen sind mit Kreide irgendwelche Gerichte angeschrieben. Darüber steht: MENU.

«Aber ich will gar kein Menü», sagt Tommi leise.

Johnny Depp hat ihn trotzdem gehört. Er dreht sich zu Tommi und Karl um und erklärt: «*Menu* heißt Speisekarte. Und es gibt *Fillet of plaice*, das ist Schollenfilet, mit Pommes frites und ...»

«Ist gebongt, das nehme ich», nickt Karl.

«Next please!», ruft der Typ mit der Kochmütze, der hinter dem Tresen steht.

Johnny Depp lässt sich den Teller mit irgendetwas vollhäufen, das aussieht wie Fleisch mit Soße in matschigem Brotteig.

«Shepherd's Pie», erklärt Johnny Depp für Karl. «Keith Richards of the Rolling Stones has his Shepherd's Pie every day, and he's still alive and well ...»

«Ich nehme Fisch und Pommes», wiederholt Karl und zeigt auf die dampfende Schüssel mit den Schollenfilets.

Der Koch guckt ihn fragend an.

«Aber reichlich Pommes», sagt Karl, «mit Mayo!»

«Me, too», sagt Tommi. Die Schollenfilets sehen jedenfalls besser aus als das Matschfleisch.

«Two fillets of plaice», nickt der Koch, «with chips?»

«Quatsch», sagt Karl. «Wieso mit Chips? Mit Pommes natürlich!»

Johnny Depp schiebt lachend weiter in Richtung Kasse.

«Stimmt irgendwas nicht?», fragt Karl.

Tommi zuckt ratlos die Schulter.

Der Koch angelt zwei Schollenfilets aus der Schüssel.

Karl grinst zufrieden, als die Pommes dazukommen. Und guckt im nächsten Moment völlig entgeistert, als der Koch einen Berg Möhren auf jeden Teller häuft.

«Vielleicht gibt es immer Möhren dazu?», meint Tommi.

«Die spinnen, die Engländer!», erklärt Karl laut.

Als sie bezahlt haben und sich einen freien Tisch suchen,

kommt ihnen die Halbglatze entgegen. Der Typ, den Tommi auf dem Klo getroffen hat! Er bleibt direkt vor Tommi stehen und schüttelt den Kopf, als könnte er es nicht fassen, Tommi jetzt auch noch ausgerechnet im Restaurant wieder zu treffen. Mit ungewaschenen Händen!

Tommi merkt, wie er rot wird.

«Do you have a problem?», fragt Karl und guckt die Halbglatze böse an.

Immer noch kopfschüttelnd gibt der Typ den Weg frei.

«Die spinnen doch echt, die Engländer!», wiederholt Karl.

Three

Drei Stunden später ist Tommi immer noch nicht schlecht. Keine Spur. Allerdings muss er ungefähr alle halbe Minute aufstoßen. Sehr peinlich! Aber Jana geht es genauso. Sie hat gesagt, das käme von der Mayonnaise, die sie an der Kasse gekriegt haben. Jeder zwei kleine Plastiktütchen. Wobei die Mayonnaise gar keine Mayonnaise war, sondern Remoulade. Hat Jana gesagt. Was ja aber Tommi und Karl vorhin noch nicht wissen konnten. Weshalb sich Karl auch total aufgeregt hat.

«Die spinnen doch echt», hat Karl gesagt, «so sieht doch keine Mayo aus. Guck dir das mal an, das Zeug ist doch viel zu gelb und mit so kleinen Stückchen drin ... bäh!»

Karl hatte sogar schon überlegt, ob sie sich beschweren sollten. Aber dann war ihnen nicht eingefallen, was «beschweren» heißt. Und Johnny Depp wollten sie nicht fragen.

Und dann war sowieso alles zu spät. Weil Tommi nämlich zum Fenster rausgeguckt hat. Und als er gesehen hat, dass die Fähre längst abgelegt hatte und schon mitten auf dem Meer war, wäre ihm vor Schreck fast das Schollenfilet wieder aus dem Gesicht gefallen. Obwohl das Schiff überhaupt nicht geschaukelt hat! Aber Tommi hatte trotzdem keine Lust mehr weiterzuessen. Und kurz darauf ging dann auch die Schaukelei los. Aber da waren sie schon auf dem Gang zu den Kabinen. Tommi, Karl, Jana und Anna. Wieso Jana und Anna eigentlich dabei waren, war Tommi gar nicht so ganz klar gewesen. Vor allem, weil sie ja vorher im Bus nur rumgenervt hatten, als fänden sie Tommi und Karl ausgesprochen blöd. Aber als Karl gesagt hat: «Los, Leute, wir gehen mal gucken, ob wir irgendwo eine Kabine finden, die nicht abgeschlossen ist!», sind sie kichernd mitgekommen.

Karl hat an jeder Kabinentür gerüttelt, bis eine plötzlich aufging. Zum Glück war die Kabine leer. Karl hat sich rückwärts auf das eine Bett geworfen und mit der Hand neben sich auf die Decke geklopft und zu Jana und Anna gesagt: «Come here, girls, I wanna make love to you!»

Und Anna und Jana haben ein bisschen gekichert und ihm einen Vogel gezeigt und sich dann kichernd auf dem Miniklo eingeschlossen.

«Hä?», hat Karl gemacht und angefangen, den Nachttisch

neben dem Bett zu durchsuchen. Aber außer einem Stapel Spucktüten waren die Schubladen leer. Sie haben sich jeder eine Tüte genommen, und Karl hat sich seine zusammengefaltet in die Jacketttasche gesteckt, sodass sie oben noch ein bisschen rausguckte, wie ein Taschentuch ungefähr.

«Lass uns lieber wieder abhauen», hat Tommi gesagt, «nicht, dass noch einer kommt!»

Weil sie ja in der Kabine eigentlich nichts verloren hatten und weil vorne im Gang auch ein Schild gehangen hatte: CABIN PASSENGERS ONLY.

Karl hat gegen die Tür vom Miniklo gehauen und mit verstellter Stimme gerufen: «This is the police. Come out with your hands up!»

Und Jana und Anna haben es im ersten Moment wirklich geglaubt und kamen mit erhobenen Händen aus dem Klo!

Dann sind sie alle wieder raus auf den Gang und noch eine Weile zwischen den Wänden hin- und hergetorkelt. Immer mit der Schaukelbewegung des Schiffes, von links nach rechts und wieder zurück. Und jedes Mal voll gegen die Wand und gegen die Kabinentüren. Bis eine Frau aus ihrer Kabine kam und sie beschimpft hat. Sie haben zwar kein Wort verstanden außer irgendwas mit «sleep», aber die Sache war schon klar: Sie sollten nicht so viel Lärm machen und verschwinden!

Was sie dann auch gemacht haben. Weil hinter der Frau plötzlich ein Typ auftauchte, der irgendwie so aussah, als wäre es besser, ihn nicht unnötig zu reizen. Ungefähr so wie King Kong, als ihm jemand die Frau wegnehmen wollte.

«No problem, we go!», hat Jana geflötet, und sie sind schnell den Gang runter und durch die Tür zurück ins Treppenhaus.

«Mann», hat Karl geflüstert, «hast du das gesehen? Die hatte nur ein Nachthemd an, die Frau, und nichts drunter!»

«Das ist meistens so», hat Jana gemeint, «oder gehst du mit deinen Klamotten schlafen?»

«Haha», hat Karl nur gemacht, und dann wäre er auch schon fast die Treppe runtergefallen, weil das Schiff sich gerade mal wieder gefährlich auf die Seite legte. Vor ihnen in der Halle haben ein paar Leute laut gekreischt, und irgendjemand ist über die Beine von den Motorradfahrern gestolpert, die mitten im Weg in ihren Schlafsäcken lagen.

Ein Mann in einem Overall, der wahrscheinlich zur Besatzung gehörte, hat ihnen im Vorbeigehen zugenickt: «It's a bit rough tonight, but don't panic. The wind will ease down soon …»

«Was?», hat Karl erst noch gefragt, aber als der Typ gleich darauf mit einem Staubsauger zurückkam und anfing, eine ziemlich eklig aussehende Pfütze auf dem Teppichboden aufzusaugen, hat Karl plötzlich krampfhaft geschluckt. Und dann hat er seine Spucktüte aus der Jacketttasche gezerrt und ist zum Klo gerannt. Anna hat sich schnell die Hand vor den Mund gehalten und ist auch aufs Klo. Und Jana und Tommi standen plötzlich ganz allein da und haben sich angeguckt.

«Wollen wir ein bisschen raus aufs Deck?», hat Jana gefragt.

«Klar», hat Tommi gemeint. An Deck würde wenigstens

niemand von der Besatzung mit Staubsaugern rumlaufen, die schmatzend und gurgelnd irgendwelche übel riechenden Pfützen entfernen …

Jetzt lehnen Tommi und Jana schon seit mindestens einer Stunde nebeneinander an der Reling und quatschen.

Das heißt, eigentlich quatscht nur Tommi. Über Seenotrettungskreuzer. Denn von Seenotrettungskreuzern hat er nicht nur jede Menge Ahnung, sondern es scheint ihm auch irgendwie ein passendes Thema zu sein. Dass zum Beispiel die Buchstaben SAR, die auf jeden Seenotrettungskreuzer gepinselt sind, «Search And Rescue» bedeuten, suchen und retten. Und dass Seenotrettungskreuzer auch bei Windstärke zwölf noch in der Lage sind, irgendwelche Leute aus Seenot zu retten, deren Schiff gerade dabei ist, auseinander zu brechen. Oder dass Seenotrettungskreuzer absolut unsinkbar sind. Dass sie noch nicht mal kentern können, sondern einfach nur eine Eskimorolle hinlegen und im nächsten Moment schon wieder mit dem Turm nach oben durch die größten Wellenberge pflügen, als wäre das gar nichts.

«Ist ja auch klar», sagt Tommi, «der größte Seenotrettungskreuzer, den es gibt, hat 9250 PS, das musst du dir mal vorstellen!»

«Klar», nickt Jana.

«Drei Maschinen», erklärt Tommi, «jede mit gut 3000 PS.»

«Irre», meint Jana.

«Und sogar das Tochterboot hat noch über 300 PS», sagt Tommi.

Aber diesmal macht Jana nur «ups!», weil sich gerade die Remoulade wieder meldet.

Und als Tommi auch aufstoßen muss, sagt er: «Excuse me.»

Der Wind hat inzwischen tatsächlich ein bisschen nachgelassen, genau wie der Typ mit dem Staubsauger gesagt hatte. Das Schiff schaukelt nur noch ganz leicht, und zwischen den Wolken leuchtet manchmal der Mond hervor. Ein Stück entfernt sehen sie die Lichter einer anderen Fähre.

«Ups», macht Jana wieder.

«Excuse me», sagt Tommi gleich darauf.

Sie kichern.

«Mir wird eigentlich nie schlecht auf einem Schiff», sagt Jana.

«Mir auch nicht», erklärt Tommi.

«Aber dein Freund vorhin sah ziemlich grün aus um die Nase …»

«Deine Freundin auch.»

«Stimmt»

Jana kichert.

«Ist dir eigentlich kalt?», fragt sie dann.

«Nee», sagt Tommi, «geht so.»

«Aber mir!»

Jana drängt sich ein bisschen dichter an Tommi heran.

Tommi überlegt, ob er ihr den Arm um die Schulter legen soll.

«Mir ist sogar sehr kalt», sagt Jana und klappert zum Beweis mit den Zähnen.

Tommi legt ihr vorsichtig den Arm um die Schulter.

«Besser», sagt Jana.

Die Tür vor ihnen fliegt auf und kracht gegen die Schiffswand. Karl kommt aufs Deck gestolpert.

Tommi nimmt schnell den Arm von Janas Schulter.

Karl sieht irgendwie nicht so aus, als ob es ihm besonders gut ginge. Sein Gesicht ist so bleich, dass es im Mondlicht leuchtet wie weiß geschminkt.

«Geht es dir besser?», fragt Tommi.

«Das waren nur die Möhren», erklärt Karl. «Ist doch auch bescheuert, Pommes mit Möhren dazu.»

«Ups», macht Jana.

«Excuse me», sagt Tommi im nächsten Moment.

«Was ist denn mit euch los?», fragt Karl irritiert.

«Die Remoulade meldet sich», sagt Jana, «macht sie schon die ganze Zeit ... ups! Das sind die Gurkenstückchen, die da drin sind.»

«Excuse me», sagt Tommi.

«Können wir vielleicht von was anderem reden?», fragt Karl.

«Klar», meint Jana. «Könnt ihr euch an den Staubsauger erinnern, den der Typ vorhin gehabt hat? Meine Eltern haben genau so einen, die sind total gut, die Dinger, habt ihr ja gesehen, damit kann man echt alles aufsaugen ...»

Karl sieht aus, als wollten ihm gleich die Augen aus dem Kopf fallen. Im nächsten Moment dreht er sich um und hastet zur Tür zurück.

«Hat er irgendwas?», fragt Jana unschuldig.

«Das war fies», sagt Tommi.

«Ups», macht Jana und greift nach Tommis Hand, um sich wieder seinen Arm um ihre Schulter zu legen.

«Wenn man ständig aufstoßen muss, kann man sich schlecht küssen, das ist blöd», erklärt Jana nach einer Weile.

Tommi überlegt, ob das heißt, dass er sie küssen soll. Aber er weiß nicht so recht. Und Jana redet auch schon weiter.

«Wie viele Wörter für kotzen kennst du eigentlich?», fragt sie.

«Hä?», macht Tommi.

«Na ja», meint Jana, «schließlich sind wir doch hierher gekommen, um Englisch zu lernen.»

«Klar, stimmt schon», nickt Tommi. «Aber ...»

«Also, wie viele?»

Tommi zuckt mit der Schulter.

«To be sick ...»

Jana schüttelt den Kopf.

«Das ist mehr so vornehm drumrum geredet», sagt sie. «Aber ich meine richtig kotzen! Also, pass auf: to vomit, to puke, und jetzt kommt das Beste: to throw up! Ist doch irgendwie witzig, oder? Hochwerfen, da kann man sich doch richtig vorstellen, worum es geht, findest du nicht?»

Tommi ist sich nicht sicher, ob er das nun witzig findet oder nicht. Aber er will auch nicht den Eindruck erwecken, als wäre ihm das Ganze irgendwie unangenehm oder so. Also sagt er: «Doch, ist witzig.»

«Erst hochwerfen und dann aufsaugen», kichert Jana.

«Und weißt du auch, was Staubsauger heißt?», fragt sie dann.

Um gleich darauf die Antwort hinterherzuschieben: «Vacuum cleaner!»

«Ich dachte vomitsucker», sagt Tommi, so ernst er kann.

Jana stutzt. Dann kichert sie wieder und erklärt: «Du bist echt witzig. Viel witziger als dein Freund, echt!»

Sie dreht ihr Gesicht zu Tommi und spitzt die Lippen. Eigentlich brauchte sich Tommi nur ein bisschen vorzubeugen und …

Und da macht Jana «ups!». Und kichert.

«War ja wohl nichts», stellt sie dann immer noch kichernd fest.

Und Tommi beschließt, lieber wieder zu einem Thema zurückzukehren, bei dem er Bescheid weiß.

«In England sind die Seenotrettungskreuzer übrigens orange gestrichen», sagt er, «und bei uns rot und weiß. In Irland grün, glaube ich, habe ich mal auf irgendeinem Foto gesehen, wobei das natürlich völliger Quatsch ist, also, ich meine, es geht ja darum, dass man die gut sehen können muss, also auch bei Sturm und Regen und so, sonst kann die ja keiner retten, äh, nein, die können keinen retten sonst, Quatsch, ich meine, wenn die einen retten wollen, ist es natürlich besser, wenn der sie auch sieht …»

Four

Als sie in Harwich ankommen, wird es gerade wieder hell. Im Bus setzt sich Jana einfach neben Tommi. Karl scheint das völlig egal zu sein, er legt sich quer über drei Plätze in der letzten Reihe und sieht immer noch ziemlich grün im Gesicht aus. Und Anna guckt zwar ein bisschen komisch, sagt aber nichts, sondern sucht sich einen anderen Platz weiter vorne.

Jana legt den Kopf an Tommis Schulter und macht die Augen zu. Tommi würde auch gerne schlafen, aber er traut sich nicht, die Beine auszustrecken, weil er Angst hat, Jana damit aufzuwecken. Also guckt er aus dem Fenster. Wo es absolut nichts zu sehen gibt. Außer endlosen Wiesen mit hellbraunen Kühen und einmal einen Bauern, der ein Pferd am Halfter neben sich herführt. Das Pferd ist mit Abstand das größte Pferd, das Tommi je gesehen hat.

Irgendetwas kommt Tommi komisch vor. Er braucht eine Weile, bis er raus hat, was. Sie fahren auf der falschen Straßenseite, das ist es! Und deshalb werden sie auf der Autobahn auch die ganze Zeit rechts überholt. Gerade schiebt sich ein Rolls Royce an ihnen vorbei, schwarz und silbergrau, die hinteren Scheiben sind dunkel getönt. Aber sonst sehen die Autos genauso aus wie zu Hause auch. Saab, Volvo, Passat, Audi. Nur dass die Fahrer eben rechts sitzen.

Jana dreht sich auf die Seite und legt ihren Arm über Tommis Bauch. Ihr Haar riecht nach irgendeinem Shampoo. Apfel und noch irgendwas.

Tommi ärgert sich ein bisschen, dass er sich vorhin einfach nicht getraut hat, sie zu küssen. Wahrscheinlich hält Jana ihn jetzt für ziemlich feige. Oder denkt, dass er keine Ahnung hat. Hat er ja auch nicht. Nicht von Mädchen jedenfalls. Nur von Seenotrettungskreuzern. Und das ist wahrscheinlich nicht gerade etwas, was Mädchen wirklich interessiert. Aber wenigstens scheint Jana nicht sauer zu sein, denkt Tommi. Denn sonst würde sie ihm ja wohl kaum den Arm über den Bauch legen. Kann also gut sein, dass er doch noch eine Chance hat. Er darf es nur nicht wieder versieben. Zum Beispiel, indem er erzählt, dass die großen Seenotrettungskreuzer sogar ein Hubschrauberlandedeck haben. Nichts. Kein Wort davon. Er muss einfach so tun, als wüsste er nichts von irgendwelchen Hubschrauberlandedecks!

Karl schiebt seinen Kopf über die Lehne.

«Mann, ich muss was essen», stöhnt er. «Glaubst du, dass wir irgendwann mal halten?»

Tommi zuckt mit der Schulter.

Jana schlägt die Augen auf.

Als sie sieht, dass sie halb auf Tommi liegt, setzt sie sich schnell aufrecht hin.

«Also was ist jetzt?», fragt Karl. «Frühstück oder nicht?»

Offenbar geht es ihm wieder besser. Und seine Stimme klingt auch fast wieder normal.

Aber bevor Tommi oder Jana noch irgendetwas sagen können, biegt der Bus schon von ganz allein auf irgendeine Raststätte ein. HAPPY EATER liest Tommi auf dem Schild über dem Eingang ...

Sie sind alle noch so müde, dass sie die Treppen eher hochstolpern als gehen. Jana und Anna verschwinden gleich als Erstes auf dem Klo.

Karl nickt zu der Tür mit der Aufschrift GENTS hinüber. Tommi folgt ihm.

Vor den Klokabinen ist eine lange Reihe Waschbecken. Karl grinst und zieht eine Zahnbürste aus seiner Jacketttasche, die noch in Plastik verpackt ist.

Er streckt Tommi die Zahnbürste hin.

«Ich hab noch eine», grinst er dabei und holt eine zweite Zahnbürste aus seinem Jackett. Auch in Plastik verpackt. Auf der Folie steht P&O FERRIES.

«Ich hab mir heute Nacht nochmal eine leere Kabine gesucht», sagt Karl. «Hier, ich hab auch Seife und Shampoo, wenn du willst!»

«Nicht schlecht», sagt Tommi.

Sie putzen sich die Zähne.

Am Waschbecken neben ihnen steht ein Typ mit nacktem Oberkörper. Seine Arme sind bis zu den Schultern hinauf tätowiert. Als er den Kopf vorstreckt, um sich vor dem Spiegel zu rasieren, erkennt Tommi ihn wieder. Der Lastwagenfahrer, der gestern vor ihnen auf dem Schiff die Treppe hoch ist!

«Wie spät ist es jetzt eigentlich?», will Karl wissen. Er guckt auf seine Armbanduhr. «Hat die Nickelbrille nicht irgendwas gelabert, dass wir die Uhren umstellen müssen oder so was? Aber wie jetzt, eine Stunde vor oder eine zurück?»

«Eine zurück, glaube ich», sagt Tommi.

«Half seven», sagt der Lastwagenfahrer, während er sich weiter die Bartstoppeln vom Kinn kratzt.

«Hä?», macht Karl. «Das sind ja zwei Stunden, bei mir ist es schon halb neun!»

«Half past seven», sagt der Lastwagenfahrer. Wobei er jedes Wort einzeln betont, als wären Tommi und Karl ein bisschen schwer von Begriff.

«Kapier ich nicht», sagt Karl, «was denn jetzt?»

Der Lastwagenfahrer streckt ihm den Arm mit seiner Uhr am Handgelenk rüber.

«Halb acht», liest Karl vom Zifferblatt ab.

«Half seven», wiederholt der Lastwagenfahrer.

Karl dreht sich zu Tommi und tippt sich mit dem Finger an die Stirn.

«Where are you lads from?», fragt der Lastwagenfahrer, ohne seinen Rasierer abzusetzen.

«Germany», sagt Tommi.

Der Lastwagenfahrer legt den Rasierer auf die Konsole. Dann zeigt er auf eine Tätowierung an seinem Oberarm. Irgendein Wappen mit ein paar Buchstaben und Zahlen drunter.

«I was in the Army», erklärt er, «in Bielefeld.»

«We are from Hannover», sagt Tommi, «but Bielefeld is not far away from Hannover, only one hundred kilometres.»

Tommi ist irgendwie ganz zufrieden mit sich. Das ist gar nicht so schwer, denkt er, man muss sich nur ein bisschen

Mühe geben, und schon kann man sich ganz normal mit irgendwelchen Leuten unterhalten.

«My grandmother lives in Bielefeld», setzt er noch hinzu. «Sometimes we visit her. It's only one hour by car.»

«I know Hanover», nickt der Lastwagenfahrer und greift nach einem Papiertuch, um sich den Rasierschaum vom Gesicht zu wischen. «You gave us deaf and dumb George, that stupid bastard!»

«Was?», macht Tommi. So ganz leicht scheint es nun doch wieder nicht zu sein, einfach mal eben ein Gespräch zu führen. Und er hat keine Ahnung, wer um alles in der Welt dieser George sein soll.

Karl hat auch keine Ahnung. Er runzelt nur verständnislos die Augenbrauen.

Der Lastwagenfahrer knüllt das Papiertuch zusammen und wirft die Kugel in den nächsten Abfalleimer. Er streift sich ein olivgrünes Unterhemd über die Tätowierungen und stapft ohne ein weiteres Wort zur Tür.

Tommi und Karl blicken sich ratlos an.

In einer der Kabinen rauscht die Wasserspülung. Johnny Depp kommt raus und stellt sich zu ihnen, um sich die Hände zu waschen.

«First lesson», sagt er grinsend, «more than 250 years ago there was a united kingdom between Hanover and England, and King George from Hanover was also king of England ...»

Als er die verständnislosen Gesichter von Tommi und Karl sieht, setzt er unvermittelt auf Deutsch hinzu: «Vergesst es einfach. Seid froh, dass er euch nicht gefragt hat, ob Hitler noch leben würde. Ihr werdet euch schon noch dran gewöhnen, der englische Humor ist manchmal ein bisschen schräg!»

Er stutzt und greift nach dem Seifenpäckchen, das Karl vorhin aus seinem Jackett geholt hat. Nachdem er die Aufschrift gelesen hat, lacht er und sagt: «Nicht schlecht. Klappt das also immer noch, der Trick mit der leeren Kabine ...?»

Karl wird rot und fängt an, irgendwas vor sich hin zu stottern. Aber Johnny Depp winkt nur ab und sagt: «Wir sehen uns gleich beim Frühstück.»

Es gibt wieder Schollenfilet mit Pommes und Möhren zum Frühstück. Oder kleine, gebratene Würstchen und Schinken und Spiegelei dazu. Und weiße Bohnen in Tomatensoße!

Johnny Depp lässt sich außerdem den Teller mit etwas voll häufen, das aussieht wie verkohlte Champignons. Wobei er fröhlich vor sich hin singt: «Motorway food is the worst in the world, the coffee tastes weak and the cakes taste stale, your stomach rolls over and your face turns pale ...»

Sehr zum Befremden des Kochs hinter dem Tresen. Klar, denkt Tommi, wenn mir irgendjemand erzählen würde, dass das Essen, das ich anbiete, das schlechteste auf der Welt ist, wäre ich wahrscheinlich auch nicht gerade begeistert. Johnny Depp zwinkert Tommi und Karl zu und schiebt in aller Seelenruhe sein Tablett zur Kasse.

Tommi macht einen großen Bogen um das warme Essen

und nimmt sich eine Schüssel Müsli. Irgendwie hat er keine Lust auf weiße Bohnen in Tomatensoße zum Frühstück.

«Selber schuld», erklärt Karl und mampft drauflos. Würstchen und Schinken und Pommes, als wäre ihm nicht vor ein paar Stunden noch so schlecht gewesen, dass er kaum vom Klo runter wollte.

Tommi blickt sich um. Jana und Anna sitzen mit Johnny Depp zusammen an einem Tisch. Johnny Depp erzählt irgendwas. Und Jana und Anna wollen sich halb kaputtlachen.

Tommi stochert lustlos in seinem Müsli.

Der Lastwagenfahrer schiebt sich mit einem voll beladenen Tablett zwischen den Tischen hindurch.

Als er Tommi sieht, reckt er den Daumen hoch und brüllt: «Hanover!»

Tommi nickt und versucht, so was wie ein Lachen hinzukriegen.

«Fang bloß nicht wieder an, irgendwas auf Englisch zu quatschen», meint Karl mit vollem Mund, «du hast ja gesehen, was daraus wird. Am besten, wir sagen gar nichts, dann kann einem auch nichts passieren.»

Ein paar von den anderen kommen aus dem Shop zurück, der neben dem Restaurant ist. Sie haben Kaugummi und Schokoriegel gekauft. Und runde Postkarten, auf denen das Zeichen der Londoner U-Bahn abgebildet ist.

«Los, komm», sagt Karl, «wir gucken auch mal!»

Im Laden gibt es auch T-Shirts mit irgendwelchen Sprüchen drauf.

«I survived the M25», liest Karl laut vor. «Kapier ich nicht, was soll das?»

«Survive heißt überleben, glaube ich», sagt Tommi.

«Und M25? Ist das ein Typ, oder was?»

Tommi dreht sich zu der Frau an der Kasse.

«Excuse me, we don't know what M25 means?»

«It's the motorway around London», sagt die Frau. «With lots of heavy accidents every day, car crashes, you know?»

«Das ist gut», sagt Karl, «das nehme ich.»

Sie haben gerade bezahlt, da müssen sie auch schon zum Bus zurück.

Jana setzt sich gleich vorne zu irgendwelchen anderen Leuten. Sie lächelt Tommi nur kurz zu, als er vorbeigeht, dann redet sie auch schon wieder mit den anderen, als gäbe es Tommi gar nicht.

Anna guckt zu ihm rüber, als würde sie erwarten, dass er gleich in Tränen ausbricht.

Tommi setzt sich auf seinen alten Platz. Karl lässt sich neben ihn fallen. Springt aber gleich wieder auf, um sich das neue T-Shirt über sein Hemd zu ziehen.

«Gut, dass ich extra L genommen habe», grinst er, «sieht doch scharf aus, oder?»

Tommi guckt aus dem Fenster, wie sie wieder auf die Autobahn einbiegen.

Karl rammt ihm seinen Ellbogen in die Seite.

«He, was ist denn jetzt eigentlich mit der Alten? Habt ihr Zoff gehabt, oder was? Ich meine, heute Nacht sah es doch echt noch so aus, als ob …»

«Lass mich in Ruhe», sagt Tommi und macht die Augen zu, als ob er schlafen wollte.

Karl ist auch tatsächlich still.

Aber Tommi kann trotzdem nicht schlafen.

〰 Five

Irgendwann am Nachmittag sind sie in Christchurch. Der Bus hält vor dem Bahnhof.

«Was ist das denn für ein Kaff?», regt sich Karl auf. «Und hier sollen wir drei Wochen bleiben?»

Karl hat Recht. Viel scheint wirklich nicht los zu sein. An irgendeinem Schloss sind sie vorbeigekommen, an einer einzigen Kneipe, ein paar verschlafenen Läden und der Stadtbücherei. Und das war's auch schon. Die Hand voll Gasteltern, die auf dem Bahnhofsvorplatz stehen, um sie abzuholen, sind wahrscheinlich der größte Menschenauflauf seit langem, denkt Tommi.

Johnny Depp erinnert noch mal daran, dass sie übermorgen pünktlich zum Unterricht erscheinen sollen. Morgen ist Sonntag, die Schule fängt am Montag an. Sie haben also einen Tag frei. Von dem Tommi absolut nicht weiß, wie er ihn rumkriegen soll ...

«Ten a. m.», sagt Johnny Depp, «the school is just around the corner. You've all got the address in your information brochure. Make friends with your host parents and enjoy yourselves on your first day in merry old England – and don't drink too much. I want you all to be sober on Monday morning!»

Was soll das, denkt Tommi genervt, wahrscheinlich ist doch Johnny Depp selber der Einzige, der sich am Wochenende betrinken wird, also könnte er sich seine Sprüche ruhig sparen.

Johnny Depp grinst wieder sein übliches Grinsen und beugt sich zu dem Busfahrer, um noch irgendetwas zu besprechen.

Jana kommt nach hinten und steigt über Karls Beine, um sich zu Tommi auf den Sitz zu quetschen. Als hätte sie nicht noch bis eben so getan, als ob es Tommi gar nicht mehr gäbe …

Sie hält ein Foto in der Hand.

«Hast du deine Leute schon gesehen?», fragt sie und verrenkt gleichzeitig den Hals, um die Gasteltern draußen auf dem Platz mit ihrem Foto zu vergleichen.

Tommi schielt auf das Bild in Janas Hand. Er kann eine Familie am Strand erkennen. Vater, Mutter und zwei Kinder. Der Mann hat ein buntes Hawaiihemd an und einen Strohhut auf dem Kopf. Seine Beine ragen wie zwei bleiche Stecken aus einer knielangen Shorts.

«Da sind sie!», kreischt Jana los und zeigt auf eine Familie, die für Tommi auch nicht im Entferntesten irgendeine Ähnlichkeit mit den Leuten auf dem Foto hat. Aber der Mann trägt knielange Shorts, das stimmt immerhin.

Jana haucht Tommi einen Kuss auf die Wange.

«Bis übermorgen», flötet sie. «Bleib sauber!»

Und weg ist sie.

«Hast du auch irgend so ein bescheuertes Foto gekriegt?», will Karl wissen.

Tommi schüttelt den Kopf.

«Ich auch nicht», sagt Karl und zerrt seine Tasche aus dem Gepäcknetz. «Hau rein, Alter, man sieht sich!»

Tommi bleibt noch einen Moment sitzen.

Er beobachtet, wie der Mann mit den Shorts Jana den Koffer abnimmt. Eine Frau mit weißen Stiefeln und einem extrem kurzen Minirock stöckelt auf Karl zu. Karl stottert irgendwas und fuchtelt mit den Händen in der Luft rum.

Die Frau hakt sich bei ihm ein und führt ihn zu einem roten Mini. Karl dreht sich nochmal um und kneift ein Auge zusammen. Tommi hebt kurz die Hand.

Die meisten haben inzwischen ihre Gasteltern gefunden und klettern in irgendwelche Autos. Nur zwei Frauen sind noch übrig. Die eine sieht richtig nett aus, findet Tommi. Mit Jeans und T-Shirt und die Haare zu einem Pferdeschwanz zusammengebunden. Ein bisschen so wie seine eigene Mutter. Die andere ist so dick, dass Tommi meint, sie bei jeder Bewegung bis in den Bus rein schnaufen zu hören. Und das geblümte Kleid, das sie anhat, macht die Sache auch nicht gerade besser. Das Kleid sieht aus, als würde es jeden Moment aus allen Nähten platzen.

Die Dicke hat einen kleinen Jungen an der Hand, der an einem Eis lutscht. Wobei er sich mindestens schon die Hälfte auf sein Hemd geschmiert hat. Und die andere Hälfte ins

Gesicht! Neben ihm sind noch zwei Jungen, ein bisschen älter, aber sie gehören eindeutig dazu. Auch wenn sie sich gerade auf dem Boden wälzen und mit den Fäusten aufeinander einschlagen ...

Bitte, lass es nicht die Dicke sein, denkt Tommi, nicht die Dicke, nicht die Dicke, nicht die Dicke!

Er überlegt, ob er einfach seinen Koffer nehmen soll und zu der Frau mit dem Pferdeschwanz marschieren und sagen: «Hello, I'm Tommi. I'm your guest pupil.»

Er blickt sich um. Außer ihm ist nur noch Anna im Bus. Die Chancen stehen also fünfzig zu fünfzig, dass die Frau mit dem Pferdeschwanz tatsächlich seine Gastmutter ist. Und wenn nicht, hat Anna eben Pech gehabt. Er muss nur schnell genug sein und die Frau mit dem Pferdeschwanz davon überzeugen, dass das Ganze ein Irrtum ist. Dass sie nicht auf irgendein Mädchen wartet, sondern auf ihn. Tommi.

Tommi steht auf. Aber bevor er noch aus dem Bus raus ist, hat Anna schon ihren Koffer zu der Frau mit dem Pferdeschwanz geschleppt, die sie zur Begrüßung in den Arm nimmt. Wobei Anna kurz zu Tommi guckt und ihm die Zunge rausstreckt.

Die Dicke setzt sich in Bewegung, genau auf Tommi zu.

Tommi guckt Hilfe suchend zu Johnny Depp, der immer noch mit dem Fahrer redet.

Johnny Depp nickt ihm freundlich zu.

Tommi überlegt, ob er einfach wieder in den Bus steigen und sich unter den Sitzen verstecken soll.

Aber da steht die Dicke schon vor ihm und streckt ihm schnaufend die Hand hin.

«I'm Rosie», sagt sie, «welcome to Christchurch.»

Der kleine Junge an ihrer Hand starrt Tommi an, als wäre er irgendein Monster aus einem Horrorfilm.

«This is Little David», erklärt die Dicke, «he's a bit shy, but a little cutie anyway, isn't he?»

Sie strubbelt Little David durch die Haare. Der daraufhin sein eisverschmiertes Gesicht verzieht und schielend die Augen verdreht.

«Tommi», kriegt Tommi endlich raus, wobei er sich krampfhaft an seinem Koffer festhält, als wäre es die letzte Verbindung zu seinem bisherigen Leben. Als würde er ohne seinen Koffer hilflos ins Weltall davontrudeln. Für immer. Ohne den Hauch einer Chance auf eine Rückkehr.

«You look hungry, love», schnauft Rosie und stapft ohne ein weiteres Wort auf einen hoffnungslos verrosteten Opel Kombi zu. Tommi schlappt hinterher.

Der Opel ist nicht abgeschlossen. Was Tommi auch nicht weiter wundert. Wahrscheinlich käme irgendein Autodieb noch nicht mal bis zur nächsten Ecke damit. Außerdem klemmt die Beifahrertür, und Tommi muss über den Fahrersitz rutschen. Als sich die Dicke neben ihn wuchtet, neigt sich der Wagen gefährlich zur Seite.

Little David und seine zwei Brüder klettern durch die Heckklappe und machen es sich auf Tommis Koffer bequem.

Als er sich umdreht, strecken sie ihm wie auf Kommando alle drei die Zunge raus.

Die Dicke zeigt mit dem Daumen nach hinten.

«Richard and Michael. Ritchie and Mickey in short. They're just horrible, but that's what boys their age are, aren't they?»

Tommi nickt.

Die Dicke wuchtet den Gang rein.

Tommi blickt nochmal zum Reisebus zurück.

Dann sind sie vom Parkplatz runter, und die Dicke gibt Gas.

«You'll like it in Christchurch», sagt sie, während sie hupend einen Fußgänger vom Zebrastreifen scheucht, «it's such a tidy little town.»

Tommi nickt wieder.

Die Dicke zeigt aus dem Fenster.

«Your school», sagt sie. «You can walk there, it's only ten minutes from where we live.»

Tommi nickt und überlegt, ob die Dicke wohl jemals irgendwohin zu Fuß gelaufen ist. Und wenn sie sagt, dass es nur zehn Minuten wären, dürfte ihr Haus höchstens um die Ecke sein.

Ist es aber nicht. Sie kurven von einer Nebenstraße in die nächste.

Tommi hat keine Ahnung, wie er sich hier jemals zurechtfinden soll. Die Häuser sehen alle gleich aus. Kleine, eckige Schachteln, eine an der anderen. Und es gibt keine Hausnummern. Jedenfalls kann Tommi keine sehen. Dafür hängt an jedem Haus ein Schild mit irgendeinem Namen.

Die Dicke muss gesehen haben, wie Tommi versucht, die Schilder zu lesen.

Sie kichert.

«All the houses got a name, 'cause all the houses look the same», erklärt sie und hält mit quietschenden Reifen vor einem Haus, an dem «Ron's Castle» steht.

«Here we are», sagt die Dicke. «And Ron is already home!»

Sie zeigt auf einen Lastwagen, der direkt vor ihnen parkt. Offenbar ist Ron ein Lastwagenfahrer. Deshalb wundert Tommi sich auch nicht, als Ron die Tür aufreißt und Tommi als Erstes die Tätowierungen auf seinen Armen sieht …

«Achtung, Herr General!», brüllt Ron quer über den Fußweg und will sich kaputtlachen über Tommis Gesicht.

«Oh yes, ick sprecke Deutsch», sagt er dann, als Tommi hinter der Dicken her über den Fahrersitz klettert, «jawoll, Herr General!»

«Ron was in Germany», erklärt die Dicke, «in the Army.»

«Jawoll!», brüllt Ron sofort wieder. «In the Armee.»

«Schon klar», nickt Tommi.

«But you're here to learn English», sagt Ron, «and my English is much better than my German.»

«Logisch», nickt Tommi und versucht unauffällig, die klebrigen Eisreste von seinem Koffer zu wischen.

«This is our little house», sagt Ron, während er Tommis Koffer hochhebt, als wäre er leer. «Ron's Castle, and Rosie's as well, and Ritchie's, Mickey's and Little David's, not to forget.»

Er strahlt seine drei Sprösslinge an, die aber schon wieder dabei sind, sich gegenseitig zu verprügeln. Wobei Ritchie diesmal Micky festhält, damit der schokoladenverschmierte Little David ihn mit aller Kraft vors Schienbein treten kann.

«Boys will be boys, and that is that», erklärt Ron stolz.

Der Flur ist so eng, dass sie nur hintereinander ins Haus können. Erst Ron mit Tommis Koffer, dann Tommi und zum Schluss Rosie, hinter der sich die drei Jungen drängeln und schubsen.

Hinter irgendeiner Tür kläfft ein Hund.

«Dog», erklärt Ron. «I've locked him away in the kitchen. Do you like dogs?»

«Yes», sagt Tommi. Obwohl das aufgeregte Kläffen hinter der Küchentür eher klingt, als würde er Dog nicht unbedingt mögen. Und Dog ihn auch nicht.

Ron schiebt sich eine schmale Treppe nach oben.

«I'll show you your room ...»

Rosie sagt irgendetwas von «dinner» und verschwindet in der Küche.

Die drei Jungen schaffen es, sich unter Tommis Arm an ihm vorbeizudrängen, nur um ihm dann grinsend wieder im Weg zu stehen, als er in sein Zimmer will.

Das ist so klein, dass außer dem Bett gerade noch ein Stuhl und ein winziger Tisch hineinpassen. Die Wände sind rosa gestrichen.

«We've always wanted to have a little girl», sagt Ron, «and now we've got three soldiers, and that is that.»

Er wuchtet Tommis Koffer auf den Stuhl.

«What time is it when an elephant sits on a fence?», platzt

Little David plötzlich raus und zerrt aufgeregt an Tommis Arm. «Do you know it? Do you know it?»

Tommi kapiert überhaupt nicht, worum es geht. Ein Elefant, der auf einem Zaun sitzt?

«Time to get a new fence!», ruft Little David begeistert.

«Of course», erklärt Ron lachend.

«The bathroom is next door», sagt er dann. «See you in a minute for dinner, down in the kitchen ...»

«Äh», sagt Tommi, «sorry but ...»

Er will nichts essen. Er hat einfach keinen Hunger. Und er will auch nicht mit den drei Rotzlöffeln am Tisch sitzen und sich noch mehr blöde Witze anhören müssen, während Dog versucht, ihn ins Bein zu beißen. Er will keinen sehen und mit keinem reden. Er will einfach nur ... allein sein!

«Yes?», fragt Ron von der Tür her.

«I'm not hungry», stammelt Tommi, «we ... we had something to eat on the motorway. I ... I want to sleep, you know, I'm very tired. I want to sleep.»

Ron guckt ihn skeptisch an, als würde er ihm kein Wort glauben. Aber dann zuckt er mit der Schulter und sagt: «It's alright. I'll tell Rosie. We'll have dinner later, no problem.»

«Thank you», sagt Tommi.

Ron zieht die Tür hinter sich zu.

Tommi geht zum Fenster. Die drei Jungen hocken auf dem Dach des Opels und versuchen, ihn so zum Schaukeln zu bringen, dass er umkippt. Als sie Tommi hinter der Scheibe entdecken, schneiden sie ihm Grimassen.

Tommi dreht sich um. Eine rosafarbene Decke ist straff

über das Bett gespannt. Er zerrt die Decke unter der Matratze hervor und kriecht ins Bett, ohne mehr auszuziehen als gerade mal seine Turnschuhe.

♒ Six

Als Tommi wach wird, weiß er für einen Moment nicht, wo er überhaupt ist. Bis er Ritchie, Mickey und Little David sieht, die ihre Gesichter an die schmale Glasscheibe über der Zimmertür quetschen und ihn beobachten. Er winkt ärgerlich mit der Hand, dass sie abhauen sollen. Gleich darauf kracht draußen vor der Tür ein Stuhl zu Boden. Die Gesichter verschwinden. Einer der drei fängt an zu heulen. Von unten dröhnt Rons Stimme herauf: «Stop that rubbish, boys!»

Ritchie, Mickey und Little David poltern die Treppe runter. Dann ist Stille. Die Sonne scheint schräg ins Zimmer. Tommi kriecht unter der Decke hervor. Er hat immer noch alle Klamotten an, und sein T-Shirt riecht verschwitzt. Aber er hat die erste Nacht geschafft! Es ist früher Morgen. Sonntag. Eigentlich hat er schon fast einen ganzen Tag hinter sich ...

Trotzdem, am liebsten würde er sofort seine Sachen nehmen und nach Hause fahren. Aber das geht ja nun mal nicht. Er muss noch die drei Wochen durchhalten. Minus einen Tag.

Tommi macht seinen Koffer auf, um ein neues T-Shirt

zu suchen. Ganz oben auf seinen Klamotten liegt ein Briefumschlag, den seine Mutter ihm im letzten Moment hineingeschmuggelt haben muss. Jedenfalls ist es ihre Schrift auf dem Umschlag: NOTBRIEF. Und in Klammern dahinter: *Falls du Heimweh bekommst.*

Tommi starrt lange auf den Brief. Als er merkt, wie die Schrift vor seinen Augen verschwimmt, guckt er schnell zu dem Fenster über der Tür. Aber diesmal beobachtet ihn niemand. Tommi schnieft und schiebt den Umschlag ganz nach unten in den Koffer. Er weiß genau, wenn er den Brief jetzt lesen würde, könnte er gleich wieder unter die Decke kriechen und den Rest des Tages durchheulen.

Er geht zur Tür und lauscht. Aber sie scheinen alle unten in der Küche zu sein. Tommi hört Musik und irgendwelche Stimmen, die klingen, als würde ein Film im Fernsehen laufen.

Es riecht nach warmem Essen. Wahrscheinlich wieder Schinken und Würstchen, denkt Tommi. So wie gestern auf der Autobahnraststätte. Er überlegt, ob er sich trauen soll, Rosie nach Cornflakes zu fragen.

Tommi steigt über den umgefallenen Stuhl und schleicht ins Badezimmer. Überall liegen irgendwelche Vorleger. Und der Badewannenrand ist mit Teppichboden beklebt.

Tommi putzt sich schnell die Zähne. Die Wasserhähne funktionieren falsch rum, und das warme Wasser geht überhaupt nicht.

Neben dem Waschbecken ist mit Tesafilm ein Zettel auf die Tapete geklebt. Ein fotokopiertes Gedicht oder so was.

Good morning, steht oben drüber, und dann:
May the sun shine, all day long,
Everything go right and nothing wrong,
Health and long life to you,
The spouse of your choice to you,
A house without rent to you,
And a child every year to you!

Darunter hat irgendjemand mit Kugelschreiber gekritzelt:

And may you be in Heaven half an hour
before the Devil knows you're dead.

Ron wahrscheinlich, denkt Tommi. Er versucht sich vorzustellen, dass seine Eltern ihr Klo zu Hause mit fotokopierten Gedichten dekorieren würden. Unvorstellbar! Aber sie würden ja auch ihren Badewannenrand nicht mit Teppichbodenresten bekleben. Und Tommis Mutter würde sich bedanken, wenn sein Vater ihr als Morgengruß «ein Kind jedes Jahr» wünschen würde!

Fast muss Tommi ein bisschen grinsen.

Er geht zum Fenster und guckt raus. Hinter dem Haus ist ein Garten. Nein, kein Garten, eher ein Schrottplatz. Mit einer Betonmauer drumrum und einem Schuppen am hinteren Ende. Das Ganze ist höchstens ein paar Meter lang, aber Tommi sieht ein Motorrad ohne Reifen, ein Tretauto, das in der Mitte auseinander gebrochen ist, einen alten Kühlschrank, eine Waschmaschine, auf der eine Katze sitzt, einen kaputten Sonnenschirm und etwas, das eventuell mal ein Sandkasten gewesen sein könnte. Vor langer Zeit. Als noch kein Unkraut in dem Sand wuchs. Kreuz und quer durch das Chaos sind Wäscheleinen gespannt. An denen unzählige Unterhosen zum Trocknen hängen. Immer schön der Größe nach, erst die von Ron, dann die von Ritchie, Mickey und Little David. Und irgendwas in Rosa, das mindestens dreimal so groß ist wie Rons Unterhosen. Und wahrscheinlich Rosie gehört.

Die Gärten links und rechts sehen nicht viel anders aus. Falsch. Die Schrottplätze links und rechts!

Von unten ruft irgendjemand nach ihm.

«Dinner is ready», versteht Tommi. Was ihn ein bisschen irritiert, weil sie in der Schule gelernt haben, dass Dinner Abendessen bedeutet. Aber vielleicht hat er es auch nicht richtig verstanden. Und es hilft jedenfalls alles nichts, er muss da jetzt runter.

Tommi ist noch kaum durch die Küchentür, da torkelt er schon wieder rückwärts. Weil Dog an ihm hochgesprungen ist und ihm begeistert das Gesicht abschlecken will. Und Dog ist immerhin ein ausgewachsener Collie!

Ron kommt lachend an und befreit Tommi. Tommi wischt sich mit dem Handrücken übers Gesicht. Dog wirft sich winselnd vor ihm auf den Boden und streckt alle viere von sich.

«He likes you», erklärt Rosie vom Küchenherd her.

«What's his name?», fragt Tommi und streichelt Dog den Bauch.

«Dog», antwortet Ron verwundert, als wäre das doch längst klar.

«His name is Dog?», fragt Tommi nochmal, «I thought you said Dog because he is a dog …»

«We call him Dog because it's easier to remember his name then», lacht Ron. «Because a dog is what he is, right?»

«I see», nickt Tommi.

Und dann versucht er einen Witz.

«You should call your boys boy one, two, three», sagt er, «it's much easier!»

Aber entweder stimmte was nicht mit seinem Englisch, oder der Witz war nicht so gut. Jedenfalls guckt Ron ihn nur mit gerunzelter Stirn an. Und die drei Rotzlöffel sehen aus, als würden sie Tommi gleich mit ihren Blicken durchbohren.

Nur Rosie kichert.

«Boy one, two, three … I'll keep that in mind! – Sit down, lads!», ruft sie dann und schleppt eine Schüssel Kartoffeln zum Tisch.

Tommi soll sich ans Tischende setzen, gegenüber von Ron. Links von ihm sitzen aufgereiht die drei Jungen und rechts Rosie, die den Platz mühelos für sich allein braucht.

Ron verteilt Kartoffeln, Erbsen und irgendeine Art Braten. Die Erbsen sind grellgrün und mindestens dreimal so groß wie die Erbsen, die Tommi von zu Hause kennt. Und die er schon da nicht mag.

Außerdem kapiert er sowieso nicht, wieso es schon zum Frühstück Braten mit Soße gibt. Vielleicht hat es was damit zu tun, dass Sonntag ist, denkt er …

«Do you always have potatoes and meat on Sunday mornings?», fragt Tommi vorsichtig.

«Sunday mornings?», fragt Ron irritiert zurück.

«Yes», wiederholt Tommi, «we only eat cornflakes for breakfast.»

«For breakfast?», wiederholt Ron diesmal.

Tommi merkt, wie ihn alle anstarren. Irgendwas stimmt nicht. Aber er weiß nicht, was.

Dann fängt Ritchie an zu kichern.

«He thinks it's breakfast time!»

Jetzt grinst auch Ron. Er zeigt auf die Uhr neben dem Küchenschrank.

«It's six in the evening!»

«But ...», stottert Tommi, «I thought I ...»

«You came in at half two and slept for a couple of hours», erklärt Ron, «but it's still Saturday, and we're having dinner!»

Tommi starrt ihn mit offenem Mund an. Dann hat er die erste Nacht noch gar nicht hinter sich! Es ist immer noch Samstag, und ... das war auch nicht die Morgensonne, die durchs Fenster schien, sondern ...

«Some more peas?», fragt Rosie und klatscht ihm noch einen Löffel Erbsen auf den Teller.

«Thank you», sagt Tommi automatisch. Er fühlt sich, als hätten sie ihm gerade eröffnet, dass er nochmal drei Wochen länger bleiben muss. Zusätzlich zu den drei Wochen, die er ohnehin schon hier festhängt. Und von denen er gerade erst ein paar Stunden rum hat.

Er stochert ein bisschen in seinem Essen. So, wie die drei Jungen drauflosfuttern, scheint es nicht allzu oft Fleisch mit Kartoffeln zu geben. Wahrscheinlich haben sie extra wegen ihm einen Braten gemacht. Nur dass das Fleisch irgendwie komisch schmeckt.

«Mutton», erklärt Ron mit vollem Mund, «delicious, right?»

Tommi nickt.

Ron steht auf und holt ein Wörterbuch.

«Hammel», übersetzt er für Tommi. «The best meat you can get!»

«Look at the way he's holding his fork!», kräht Little David plötzlich los.

Tommi guckt auf seine Gabel.

Alle lachen.

Tommi weiß nicht, was sie meinen.

Die drei Jungen versuchen, ihre Gabeln genauso zu halten wie Tommi. Und stellen sich dabei an, als hätten sie zum ersten Mal eine Gabel in der Hand.

Tommi schielt zu Ron. Tatsächlich, Ron hält die Gabel andersrum, mit den Zinken nach unten. Er spießt ein Stück Fleisch auf und schiebt eine Ladung Erbsen auf den Gabelrücken.

«More peas?», fragt Rosie schon wieder.

Tommi schüttelt schnell den Kopf.

«He's full!», kräht Little David, «I'll take his peas!»

«He's homesick», erklärt Ron und schiebt sich ungerührt den nächsten Bissen in den Mund.

«No», sagt Tommi, «but …»

«He doesn't like mutton for breakfast», kichert Ritchie.

Rosie tätschelt Tommis Hand.

«A boy your age has to eat …»

«Do you like Elvis?», fragt Ron plötzlich und legt sein Besteck beiseite.

«What?», macht Tommi und fragt sich besorgt, was um alles in der Welt Elvis sein soll. Wahrscheinlich schon wieder irgendwas, was er nicht mag. Schafsmagen vielleicht. Oder Schweinepfötchen.

«Elvis is King!», sagt Ron und steht auf. Er geht ins Wohnzimmer rüber. Wo auf dem Kaminsims jede Menge Fotos stehen, die Ron jetzt stolz anschleppt, als wären sie sein kostbarster Besitz.

Auf den Fotos ist immer der gleiche Typ zu sehen. Ein Kerl mit Schmalzlocke und Gitarre.

ELVIS PRESLEY steht unter dem einen Bild.

«Oh yes», sagt Tommi, «Elvis Presley! I think my father has got one of his records.»

«Good boy», nickt Ron, wobei nicht ganz klar ist, wen er damit nun meint. Tommi, Tommis Vater oder Elvis selber. Ron schiebt eine CD in die Anlage neben dem Fernseher.

Gleich darauf tönt die Schmalzstimme von Elvis Presley durch den Raum: *«Love me tender, love me sweet …»*

Ron tut so, als hätte er ein Mikrophon in der Hand, und singt mit: *«Never let me go …»*

Als er auch noch anfängt, mit den Hüften zu wackeln, klatscht Rosie Beifall.

«Elvis is God!», kräht Little David.

Ron grinst und drückt einen Song weiter. Eine schnelle Nummer diesmal: *«You ain't nothing but a hound dog, cryin' all the time ...»*

Die Jungen springen auf und stellen sich neben Ron. Alle drei machen sie die gleichen Bewegungen, als würden sie Gitarre spielen. Und Ron singt in voller Lautstärke: *«You ain't nothing but a hound dog»*, und lässt dabei die Hüften kreisen.

Rosie lacht, bis ihr die Tränen über die Wangen laufen.

Tommi steckt Dog heimlich ein Stück Hammel zu.

«You like it?», brüllt Ron zu Tommi rüber und singt schon wieder weiter: *«Well you ain't never caught a rabbit, and you ain't no friend of mine ...»*

Tommi nickt. Wenigstens kommt er auf diese Weise drumrum, weiter irgendwelche grellgrünen Erbsen aufspießen zu müssen. Obwohl er sich gleichzeitig fragt, ob alle Engländer so sind wie Ron und seine Familie. Oder ob er einfach nur Pech gehabt hat. Und der Einzige ist, dessen Gastfamilie zum Nachtisch eine Elvis-Show im Wohnzimmer aufführt. Jedenfalls kann er sich beim besten Willen nicht vorstellen, dass sein Vater vor irgendjemand durchs Wohnzimmer hopsen würde und vielleicht die Beatles nachmachen. Während seine Mutter vor Begeisterung anfangen würde zu heulen.

Aber es war ein Fehler, an seine Eltern zu denken. Weil er jetzt selber wieder kurz davor ist zu heulen. Er will nach Hause und sonst gar nichts! Und es soll ihm völlig egal sein, wenn Ron denkt, dass er Heimweh hätte. Stimmt ja auch. Er hat Heimweh!

Ron dreht die Musik leiser.

Noch ein wenig außer Atem, sagt er:

«Time for a trip around town. Before it gets dark.»

Er winkt Tommi, dass er ihm folgen soll.

«I'll show you some places of interest, come on!»

Tommi hat nicht ganz kapiert, worum es geht. Aber Rosie schiebt ihn hinter Ron her.

«He'll show you round», sagt sie. «He'll probably take you to the castle first and then down to the harbour.»

Tommi hat keine Lust, sich das Schloss anzusehen. Oder den Hafen oder was auch immer Ron für interessant hält.

Aber er hat keine Chance. Ron marschiert schon durch die Haustür Richtung Vorgarten.

Seven

Sie nehmen den Laster. Noch bevor Ron den Motor anlässt, legt er eine Cassette ein.

«*Well, it's one for the money, two for the show, three to get ready, now go, cat, go, but don't step on my blue suede shoes* …»

Während Ron mitsingt, guckt er Tommi an, als hätte er ihm irgendeine Frage gestellt.

«Elvis …?», rät Tommi auf gut Glück.

«Good boy», nickt Ron zufrieden und heftet seinen Daumen auf den Starterknopf. Eine schwarze Dieselwolke nebelt die Reihe der Häuser ein. Ron wendet und winkt seinen drei Jungen zu, die kreischend ein Stück neben ihnen herrennen. Bis Mickey kopfüber in einem Haufen Abfallsäcke landet, die auf dem Fußweg gestapelt sind. Wobei Tommi ganz deutlich gesehen hat, wie Ritchie seinem Bruder ein Bein gestellt hat.

«Good boys», grinst Ron und biegt in die Querstraße ein.

Zehn Minuten später und drei Elvis Songs weiter kurven sie an der Schlossmauer lang.

«The castle», sagt Ron. «Very old.»

Tommi starrt auf die Ruine. Der Turm ist dicht mit Efeu bewachsen. Sonst ist außer ein paar leeren Fensterhöhlen nicht viel zu sehen. Tommi denkt, dass die Ruine trotzdem genau der Platz wäre, den seine Eltern unter Garantie ansteuern würden, um ein oder zwei Filme zu verballern.

Aber Ron scheint die Mauerreste ähnlich uninteressant zu finden wie Tommi. Nur weiß Tommi gerade nicht, was er eigentlich besser findet. Er schwört sich jedenfalls, nie wieder zu meckern, wenn er sich mit seiner Mutter vor irgendeiner Sehenswürdigkeit aufbauen muss, damit sein Vater ein paar Fotos schießen kann. Wenn er jemals wieder mit seinen Eltern Urlaub macht. Wenn er das hier überlebt.

«The butcher», sagt Ron und zeigt auf einen Fleischerladen mit einem holzgeschnitzten Schweinekopf über der Tür.

«The bakery.»

Der Bäcker.

«The hairdresser.»

Der Friseur.

«The supermarket.»

Sie kommen an der Kneipe vorbei, die Tommi schon kennt. THE WHITE HORSE steht über der Tür.

Ron sagt nichts, sondern blinkt und manövriert den Laster in eine enge Gasse. Tommi starrt nach unten. Zwischen ihrem Kotflügel und den parkenden Autos sind höchstens ein paar Zentimeter Luft. Aber Ron grinst nur. Am Ende der Gasse ist noch eine Kneipe. THE OLD HARBOUR INN.

«Best pub in town», erklärt Ron. «Best beer! That's where I go. – If Rosie lets me», setzt er noch hinzu.

Tommi beschließt, sich das «Old Harbour Inn» auf jeden Fall zu merken. Um auf keinen Fall hinzugehen.

Ron biegt wieder ab. Dann drückt er plötzlich auf die Bremse, als hätte er etwas Wichtiges vergessen.

«Our quack!»

Er zeigt auf ein Haus, an dem Tommi beim besten Willen nichts Außergewöhnliches erkennen kann. Einfach ein Haus eben.

«Our quack is a good man. He delivered all three of our boys», erklärt Ron.

Erst als Tommi das Arztschild mit der Schlange neben der Tür entdeckt, dämmert es ihm.

«Your doctor?», fragt er.

«Our quack», nickt Ron bestätigend.

Tommi ist sich nicht ganz sicher, ob ihr Arzt zu Hause es

wirklich gut fände, wenn sie ihn als «Quacksalber» bezeichnen würden.

Gerade als Ron wieder anfahren will, fällt Tommis Blick auf das Schaufenster neben ihnen, direkt unterhalb der Beifahrertür. Ein Laden mit irgendwelchen Antiquitäten. Tommi sieht einen Schreibtisch und einen Stuhl mit verschnörkelten Beinchen, die wahrscheinlich schon zusammenbrechen, wenn man sie nur länger anguckt. Auf dem Schreibtisch liegt aufgeschlagen ein Buch. Und auf dem Buch liegen drei schrumplige, schwarze Dinger, jedes so groß wie eine Männerfaust, von denen Tommi keine Ahnung hat, was sie darstellen sollen. Bis er die Augenhöhlen sieht. Und die Zähne!

«What ... what is that?», stottert Tommi.

Ron beugt sich über ihn.

«Oh», lacht er, «never seen any shrunken heads before?»

Tommi schüttelt den Kopf.

«Shrunken heads», wiederholt Ron. Er spreizt die Finger und zieht sie dann langsam zu einer Faust zusammen. Dabei fletscht er die Zähne, bis sein eigener Kopf aussieht wie ein Totenschädel.

Au Mann, denkt Tommi, die schrumpligen Dinger im Schaufenster sind Schrumpfköpfe! Auch wenn er vorher noch nie welche gesehen hat. Und immer noch nicht weiß, was Schrumpfköpfe in einem Antiquitätenladen zu suchen haben ...

Ron legt den Gang ein.

Ein Mann drängt sich auf dem schmalen Fußweg an ihrem Laster vorbei. Er hat lange, weiße Haare und geht weit vornübergebeugt, als würde er die Ritzen zwischen den Fußwegplatten zählen. Er ist so in Gedanken versunken, dass er mit der Schulter fast den Außenspiegel streift.

«Our local headshrinker», grinst Ron, «making money with the nuts in town.»

Tommi kapiert überhaupt nichts mehr. Der Weißhaarige ist ... der Schrumpfkopf-Hersteller?! Aber wieso macht er sein Geld dann mit irgendwelchen Nüssen? Und wieso verschwindet er jetzt hinter irgendeiner Tür, auf der «PSYCHIATRIST» steht?

«The nuts», sagt Ron und tippt sich zur Erklärung an die Stirn, «he's the doctor for the nuts.»

Ron gibt Gas. Und Tommi denkt, dass sich Rons Englisch jedenfalls deutlich von dem Englisch unterscheidet, das sie in der Schule lernen. Der Arzt heißt Quacksalber, der Psychiater Schrumpfkopf-Hersteller und die Verrückten sind Nüsse. Allerdings möchte er stark bezweifeln, dass seine Lehrerin zu Hause etwas damit anfangen kann, wenn sie ihn nach den Ferien fragt, wie es in England war. Und wenn er dann ganz locker von dem «quack» erzählt, der die drei «soldiers» von Ron und Rosie «ausgeliefert» hat. Oder von dem «headshrinker», der offensichtlich nichts mit den Schrumpfköpfen im Schaufenster des Antiquitäten-Ladens zu tun hat, sondern sein Geld mit der Behandlung von «nuts» macht.

Aber Ron ist Engländer, so viel ist sicher. Also muss er ja eigentlich auch wissen, was er da redet.

Ron scheint es plötzlich eilig zu haben.

Er brettert über die Kreuzungen, als gäbe es keine Vorfahrtsregeln in England. Oder zumindest nicht, wenn man einen Laster fährt. Und dabei so laut Elvis hört, dass man wahrscheinlich sowieso nichts mitkriegen würde, wenn man mal eben ein oder zwei Minis platt macht. Oder die Frau, die im allerletzten Moment gerade noch ihren Kinderwagen wieder auf den Fußweg zurückziehen kann, bevor Ron hupend an ihr vorbeiknallt.

Jedenfalls kriegt Tommi langsam so eine dunkle Ahnung, bei wem Rosie fahren gelernt hat!

«She's doing great», sagt Ron ungerührt und tätschelt liebevoll das vibrierende Armaturenbrett seines Lasters. «More than two hundred thousand miles, and still as fast as a racing car! She's really great», wiederholt er nochmal bekräftigend. «The Bedford is the best truck you can get!»

Tommi braucht wieder mal einen Moment, bis er es kapiert hat: Ron redet nicht von der Frau mit dem Kinderwagen. Und auch nicht von Rosie. «She» ist sein Laster! Noch so was, womit er seine Lehrerin zu Hause überraschen kann. Wenn er jemals lebend wieder nach Hause kommt!

Um sich ein bisschen von Rons Fahrstil abzulenken, versucht Tommi rauszukriegen, was Ron eigentlich normalerweise mit seinem Laster so transportiert. Wenn er nicht gerade damit beschäftigt ist, unschuldige Sprachschüler aus Deutschland so zu erschrecken, dass sie sich vor Angst fast in die Hose machen.

«What do you deliver with your truck?», brüllt Tommi gegen Elvis und den Motorenlärm an.

«Almost everything!», brüllt Ron zurück und zwingt den Bedford in die nächste Kurve.

Gut, dass Tommi gefragt hat. Jetzt weiß er wenigstens Bescheid. Almost everything. Was immer das sein mag. Jedenfalls ganz sicher nichts, was irgendwie zerbrechlich sein könnte.

Ron steigt auf die Bremse und biegt schlingernd auf einen Parkplatz ein. Die Sonne steht so tief, dass Tommi kaum etwas sehen kann. Tommi kneift die Augen zusammen. Sie sind an irgendeinem Hafen. Klar, Christchurch liegt ja am Meer, das hat Tommi auf der Karte gesehen …

Wobei Hafen vielleicht ein bisschen übertrieben ist. Eher ein Anleger für drei oder vier Fischkutter und ein paar Segelboote.

Von rechts scheint ein Fluss ins Meer zu münden. Tommi sieht ein Sumpfgebiet, das von Kanälen durchzogen ist. Zwischen dem Schilf schaukelt ein Tretboot mit einem Liebespaar.

«Mudford Haven», erklärt Ron. «It was on one of those pedalos that I kissed Rosie for the first time.»

Pedalo wird wohl ein Tretboot sein, denkt Tommi. Und wahrscheinlich war Rosie damals noch nicht ganz so dick wie jetzt.

Ron lässt den Laster bis an die Kaimauer rollen. Auf der anderen Seite der Flussmündung sieht Tommi ein paar Dünen mit bunten Badehütten aus Holz.

«Three miles of golden sand», sagt Ron. «The best beach in England! You can take the ferry to get there.»

Die Fähre, von der Ron redet, ist allerdings nichts weiter als ein offenes Motorboot, mit Platz für zehn Leute vielleicht, das gerade von der anderen Seite über die Flussmündung kommt. Eine Familie klettert auf den Anleger. Der Vater schleppt eine große Kühltasche. Er sieht ein bisschen aus wie der Vater von Janas Gastfamilie. Jedenfalls hat er kurze Hosen an und einen Strohhut auf dem Kopf.

Auf einem Schild steht:
STRONG CURRENTS! NO SWIMMING!
«Strong currents», nickt Ron, «very dangerous. These currents take you out to the Isle of Wight in no time!»

Er zeigt aufs Meer hinaus zu einer Insel, weit draußen am Horizont.

Die Sonne hängt als roter Ball über dem Wasser.

Ron lässt den Laster ein Stück weiterrollen, bis zu einem Imbisswagen, der gegrillte Hähnchen verkauft. Tommi rätselt eine Weile, wieso «OCEAN'S DELIGHT» auf den Wagen gepinselt ist, wenn es eindeutig nichts anderes gibt als eben Hähnchen. Die ja nun wahrscheinlich auch in England nicht aus dem Meer gefischt werden.

Plötzlich scheint Ron etwas einzufallen. Er steigt in die Bremsen und dreht sich zu Tommi. Und dann fängt er an, Tommi den Laster zu erklären. Auf Englisch natürlich. Wobei er den Motor weiter laufen lässt und sich nicht im Geringsten darum kümmert, dass die Dieselwolken, die aus dem Auspuff kommen, genau zur Hähnchenbude rüberwabern.

«Steering wheel», sagt Ron und dreht am Lenkrad.
«Brake.»

Er tritt auf die Bremse.

«Accelerator.»

Er latscht aufs Gaspedal. Der Motor röhrt auf und spuckt noch dickere Dieselwolken auf die Grillhähnchen.

«Clutch.»

Die Kupplung.

«Gear stick.»

Der Schaltknüppel.

«Indicator.»

Der Blinker.

«Windscreen wiper.»

Quietschend setzt sich der Scheibenwischer in Bewegung.

Tommi nickt bei jedem neuen Wort. Obwohl es ihm eigentlich völlig egal ist, ob das Armaturenbrett nun «dashboard» heißt oder nicht. Und obwohl er schon nach zehn Sekunden keine Ahnung mehr hat, was Gaspedal nochmal war. Aber Ron ist nicht zu stoppen.

Er tippt mit dem Zeigefinger auf den Tacho und sagt: «Speedo.»

Tommi findet, dass es an der Zeit ist, den Englisch-Unterricht zu beenden, bevor Ron womöglich noch auf die Idee kommt, ihm die einzelnen Teile des Motors beibringen zu wollen.

«Elvis», sagt Tommi und zeigt auf den Kassettenrecorder.

Ron stutzt. Dann lacht er laut los und haut Tommi begeistert aufs Knie.

Im gleichen Moment hämmert irgendjemand gegen die Fahrertür. Der Typ vom Hähnchengrill! Ein Inder, denkt Tommi, als er das Gesicht hinter der Scheibe sieht. Oder jemand aus Pakistan oder so, jedenfalls kein Engländer.

Ron kurbelt das Fenster runter.

Der Inder zeigt mit dem Daumen auf den Auspuff des Lasters. Dann krümmt er sich und markiert so was wie einen Erstickungsanfall.

Schon klar, er will, dass Ron endlich den Motor ausmacht.

Aber Ron sagt nur: «You guys from India are bloody weaklings!»

Tommi bezweifelt, dass das ein Kompliment für den Inder war. Der Inder bezweifelt das offensichtlich genauso.

«Fuck off!», kreischt er unerwartet los und wedelt mit den Armen, dass Ron mit seinem Laster verschwinden soll.

Was Ron ihm aber nicht weiter übel zu nehmen scheint. Er lacht sogar. Und fährt tatsächlich los. Wobei er sich zu Tommi dreht und sagt: «He's a nice guy. And his chicken curry is absolutely gorgeous.»

Tommi beschließt, auch «fuck off» in seinen Vokabelschatz aufzunehmen. Falls er mal jemand loswerden muss, der versucht, ihn mit seinem Auspuff zu vergiften.

«Gorgeous», wiederholt Ron und leckt sich mit der Zunge über die Lippen. «Absolutely gorgeous. But very hot!»

Was Tommi nun wieder nicht so ganz klar ist. Weil er es eigentlich normal findet, dass der Inder seine Grillhähnchen nicht kalt serviert.

〰 Eight

Dass «hot» nicht bedeutet, dass die Curry-Hähnchen einfach nur heiß sind, kapiert Tommi ein paar Stunden später. So gegen zwei Uhr nachts. Als er nämlich aus irgendeinem Traum aufgewacht ist, in dem ihm seine Mutter gerade Lasagne gemacht hatte. Und als er vor Hunger nicht wieder einschlafen konnte. Klar, er hatte ja auch kaum was von dem fettigen Hammelbraten mit den Kullererbsen runtergekriegt.

Und als er mit Ron nach Hause gekommen war, hatte der Rest der Familie vorm Fernseher gehockt und sich irgendeinen Kriegsfilm angeguckt. In dem deutsche Soldaten gerade englische Soldaten erschossen. Oder umgekehrt. Irgendwas aus dem Zweiten Weltkrieg jedenfalls.

«The Krauts are very brave!», hat Ritchie Tommi zugerufen, als er zur Tür reinkam. «But we are better! We'll win!»

Während Little David begeistert den Lärm der Maschinengewehre nachgemacht hat: rattattattatta, rattattattatta ...

Mickey konnte nichts sagen und auch keine Geräusche machen, weil er damit beschäftigt war, sich unablässig dreieckig geschnittene Toastbrotscheiben mit irgendeinem bröckligen, gelben Käse in den Mund zu stopfen. Und Rosie half ihm nach besten Kräften.

«I'll go to bed», hat Tommi gesagt.

«I have to see my mates in the pub», hat Ron gesagt und Tommi dabei zugezwinkert, «but I won't be back too late.»

Und dann ist Ron zu seinen Kumpels in die Kneipe und

Tommi in sein rosafarbenes Zimmer. Bei dem irgendjemand schon wieder die Bettdecke fest in die Ritzen gestopft hatte.

Tommi hat noch eine Weile mit offenen Augen im Bett rumgelegen und versucht, nicht zu heulen. Dann ist er endlich vor Erschöpfung weggedämmert und hat von der Lasagne seiner Mutter geträumt. Und ist aufgewacht und hatte Hunger.

Weshalb er sich dann auch in die Küche runtergeschlichen hat, wo er von Dog schwanzwedelnd begrüßt wurde. Und im Kühlschrank lag dann das Curry-Hähnchen und grinste sie an ...

Tommi hat schon nach dem ersten Bissen gemerkt, wie ihm die Tränen in die Augen schossen. Das Hähnchen war so scharf, dass er kaum noch Luft gekriegt hat. Wahrscheinlich «extra hot»!

Nachdem Tommi einen halben Schenkel abgenagt hat, gibt er auf. Seine Zunge brennt, und seine Kehle fühlt sich an, als hätte er gerade Feuer geschluckt.

Dog bettelt winselnd um einen kleinen Bissen.

«Nein», sagt Tommi und schüttelt den Kopf. «Fuck off!»

Dog klettert beleidigt auf das Sofa und steckt den Kopf zwischen die Pfoten.

Tommi stellt das Hähnchen zurück in den Kühlschrank und sucht nach irgendetwas zu trinken. Neben der Spüle steht eine Flasche Saft. Roter Saft. Tommi setzt die Flasche an. Das Zeug ist so klebrig und süß, dass es ihm den Mund zusammenzieht. Er versucht rauszukriegen, was auf dem Etikett steht.

WILDBERRY SYRUP. *1 litre of syrup = 5 litres of juice.*

Mist, das Zeug ist Sirup und muss mit Wasser verdünnt werden. Tommi dreht den Wasserhahn auf und hält den Mund drunter. Bis er nicht mehr kann, weil er das Gefühl hat, dass sein Bauch gleich platzt.

Er schleicht zurück in sein Zimmer. Aber dann muss er noch zweimal raus, um zu pinkeln. Beim zweiten Mal wird es gerade wieder hell. Auf dem Treppenabsatz begegnet er Ron, der gerade erst nach Hause kommt. Ron sagt kein Wort, sondern guckt nur böse.

Beim Frühstück sagt Ron immer noch nichts. Mit kantigen Bewegungen zersäbelt er die Würstchen auf seinem Teller. Rosie blickt kurz zu Tommi. Ohne zu lächeln oder ihn zu fragen, ob er noch mehr haben will. Tommi bemüht sich, die Gabel richtig rum zu halten. Also falsch rum. Er schiebt die weißen Bohnen in Tomatensoße zu einem kleinen Haufen zusammen. Die drei Rotzlöffel gucken noch nicht mal hoch. Ron legt klirrend Messer und Gabel auf seinen Teller und steht auf.

Er geht zum Kühlschrank. Dann stellt er das angenagte Curry-Hähnchen auf den Tisch und räuspert sich.

Dog winselt.

«Who was it?», fragt Ron.

Rosie legt ihm die Hand auf den Arm.

Die drei Rotzlöffel blicken wie auf Kommando zu Tommi.

«W…what?», stottert Tommi. «The chicken?»

Ron wartet.

«I'm sorry», sagt Tommi, «but I was very hungry and … because I had a dream, with my mother, and she made lasagne for me and …»

Ron setzt sich und nickt.

«Never do it again», sagt er und richtet den Zeigefinger auf Tommi. Ungefähr so, als würde er mit einer Pistole auf Tommis Brust zielen. Tommi kriegt nicht alles mit, was er sagt. Nur, dass Rosie nachts wohl extra nochmal los ist, um das Curry-Hähnchen für Ron zu besorgen. Damit er was zu essen hat, wenn er im Morgengrauen aus seiner Kneipe zurückkommt. Und dass er dann immer Curry-Hähnchen isst. Aber eben nur er und kein anderer!

«It's my chicken curry», erklärt er abschließend. «Got that?»

Die drei Rotzlöffel nicken. Mickey streckt Tommi heimlich die Zunge raus.

Tommi stottert: «Sorry, I didn't know …»

«Okay.» Ron klatscht in die Hände. «It's Sunday morning. Let's make a plan of action. What are we going to do today?»

Die drei Rotzlöffel brüllen augenblicklich durcheinander. Tommi versteht kein Wort. Aber es endet damit, dass Ron erklärt, dass der Lastwagen gewaschen werden muss. Was Ritchie, Mickey und Little David zu begeistertem Geschrei veranlasst. Lastwagenwaschen scheint für die drei Rotzlöffel mindestens so aufregend zu sein wie für andere Leute ein Ausflug zum Safaripark oder so was.

«I'll write a letter to my parents», erklärt Tommi.

«Do that», nickt Ron, «and say hello to them! Don't forget to tell them the chicken curry is for Ronnie-boy only!»

Er lacht, als hätte er gerade den Witz des Jahrhunderts abgelassen, und verschwindet mit seinen Sprösslingen nach draußen.

Rosie beugt sich zu Tommi.

«I'm gonna make you lasagne tomorrow …»

Sie guckt ihn an, als würde er ihr wirklich leid tun. Oder als wollte sie irgendwas wieder gutmachen.

«Thank you», stottert Tommi, «I like lasagne.»

Rosie nickt und streicht ihm über die Wange.

Tommi bleibt noch einen Moment in der Küche, um ihr zu helfen, das Geschirr abzuräumen.

Rosie wischt den Tisch ab und holt einen Plastikbeutel hinter dem Sofa hervor. Als sie den Inhalt auf die Tischplatte leert, sieht Tommi Hunderte von kleinen weißen Plastikpferden, kaum größer als sein Daumennagel. Neugierig guckt er zu, wie Rosie sich eine Zange zurechtlegt und einen Campingkocher vor sich stellt. Mit einem Wegwerffeuerzeug zündet sie die Flamme an. Dann greift sie in einen Pappkarton mit Stecknadeln. Sie klemmt eine Nadel in die Zange und hält den Nadelkopf in die Flamme, bis er rot aufglüht. Jetzt nimmt sie ein Plastikpferd und drückt die heiße Nadel in die Seite. Es riecht nach verbranntem Plastik. Rosie greift nach einer neuen Nadel.

«Pins for White Horse Whisky», erklärt sie, während sie dem nächsten Pferd die glühende Nadel in den Bauch bohrt.

Sie ist schnell. Als hätte sie jahrelange Übung darin, kleine Plastikpferde mit Nadeln zu spicken. Trotzdem kapiert Tommi noch nicht so ganz, was das soll. Werbeanstecker für irgendeinen Whisky, aber ...

Rosie legt die Zange beiseite. Sie nimmt ein fertiges Pferd und biegt die Nadel nach unten. Dann schiebt sie Tommi den Anstecker in den Stoff seines T-Shirts.

«Oh yes», sagt Tommi, «I see.»

«I get ten pounds for a pound of pins», sagt Rosie, «it's a boring job but we need the money.»

Jetzt sieht Tommi auch, dass Rosies Fingerspitzen dick mit Hornhaut überzogen sind. Wahrscheinlich macht sie den Job wirklich schon seit Jahren!

«You can help me if you want», sagt Rosie und schiebt ihm eine Hand voll Pferde hin, bei denen noch die Nadeln umgebogen werden müssen.

Die nächste Stunde sitzt Tommi mit Rosie am Tisch und stellt Anstecknadeln her. Es dauert einen Moment, bis er den Trick raushat und sich nicht jedes Mal die Nadelspitze in die Fingerkuppe rammt. Außerdem muss er immer einen Moment warten, bis die Nadel kalt ist, sonst sitzt sie noch nicht fest genug, um sie umbiegen zu können.

Rosie erzählt, dass sie eigentlich Friseurin ist. Und dass sie gerne einen eigenen Laden hätte. Und dass sie gerne woanders wohnen würde.

«I don't wanna get old in Christchurch of all places», sagt sie. «And I want to go on holidays. I want to see the Alps and the Mediterranean before I get old! There are so many places in the world I would like to go to ...»

Tommi traut sich nicht zu sagen, dass bei ihnen zu Hause Geld eigentlich keine große Rolle spielt. Weil sein Vater genug verdient, auch ohne dass seine Mutter arbeiten muss. Und dass sie jedes Jahr in die Ferien fahren.

Als er sich über seine brennende Fingerkuppe leckt, blickt Rosie hoch: «Go and write your letter, boy!»

Sie zeigt auf den Berg Pferde, der sich vor Tommi türmt.

«Ritchie and Mickey can do this when Ron's truck is finished.»

Und dann sitzt Tommi an dem wackligen Tisch in seinem Zimmer und kaut auf seinem Kugelschreiber. Er weiß eigentlich gar nicht, was er schreiben soll. Und außerdem hat er schon wieder so was wie einen akuten Anfall von Heimweh. Was aber seine Eltern nicht unbedingt zu wissen brauchen ...

«Es ist ganz okay hier», schreibt er also auf sein Blatt, *«nur das Essen ist ein bisschen komisch. Aber morgen kriege ich Lasagne gemacht. Und ich habe auch schon ein paar neue Wörter gelernt. Ratet mal, was ein headshrinker ist. Vielleicht gehe ich nachher noch baden. Das Wetter ist schön. Wie ist das Wetter bei euch? Ich hoffe, auch schön. Macht's gut. Euer Tommi.»*

Kaum hat er das letzte Wort hingeschrieben, ist er auch schon wieder kurz davor zu heulen.

Er malt noch ein PS unter seinen Brief:

«Die Lasagne wird bestimmt nicht so gut wie zu Hause!»

Jetzt heult er wirklich. Schnell klebt er den Umschlag zu.

Als er wieder runterkommt, sitzt Rosie immer noch am

Küchentisch. Sie erklärt Tommi, wie er zum nächsten Briefkasten kommt: «First right, second left. You'll see the post office straight ahead.»

Ron und die Rotzlöffel spritzen gerade die Räder des Lasters mit einem Wasserschlauch ab. Aber zumindest Little David sieht verdächtig danach aus, als hätten sie erst mal ihn vor den Schlauch gestellt.

Tommi winkt nur kurz und macht, dass er wegkommt.

Die Post ist nicht schwer zu finden. Der Briefkasten ist leuchtend rot, mit einem Wappen unter dem Briefschlitz. Als Tommi die Klappe hebt, muss er wieder schlucken.

Der Umschlag rutscht raschelnd in den Kasten. Die Sonne brennt heiß auf Tommis Rücken. Trotzdem fühlt er sich, als würde es in Strömen regnen.

Vor der Post ist eine Wiese, auf der ein paar Kinder Fußball spielen. Der Rasen ist gelb verbrannt. Nur durch Zufall sieht Tommi einen Jungen, der auf dem Boden vor einer niedrigen Mauer hockt und sich die Hände vors Gesicht hält. Seine Schultern zucken, als würde er weinen. Als Tommi genauer hinguckt, kommen ihm die graue Hose und das blaue Jackett plötzlich sehr bekannt vor. Der Junge, der da so erbärmlich vor sich hin schluchzt, ist Karl!

Tommi geht ein Stück näher. Karl guckt hoch und wischt sich schnell über die Augen.

«Verdammter Mist», sagt er und steht auf, «Heuschnupfen! Die Wiese, weißt du!»

«Klar», nickt Tommi, «kenn ich.»

Sie gehen ein paar Meter nebeneinander her.

«Hab gerade aus der Telephonzelle da mit meinen Alten telephoniert», erklärt Karl, «deshalb bin ich hier.»

«Und dann hast du Heuschnupfen gekriegt ...»

«Genau, die Wiese da!»

Karl tut so, als müsste er niesen. Besonders gut gelingt es ihm nicht.

«Eigentlich voll idiotisch, aus einer Telephonzelle anzurufen», sagt Karl und steckt sein Taschentuch weg. «Wie im Mittelalter oder so. Aber mein Akku ist leer, sonst hätte ich natürlich mein Handy genommen. Und Aufladen geht nicht, der Adapter passt nicht, die Steckdosen hier haben drei Löcher ...»

«Mein Handy ist geklaut worden», sagt Tommi und zuckt mit der Schulter, «in Hannover noch. In der Schule.»

«Blöd», sagt Karl. «Was machst du denn jetzt noch so?», fragt er dann. «Hast du Zeit?»

Tommi nickt.

«Gehen wir Eis essen», schlägt Karl vor und zeigt auf ein paar Stühle und Tische vor einem Eiswagen. Mit einer riesigen Eiswaffel als Reklame. Sie stellen sich in die Schlange von kreischenden Kindern und genervten Eltern.

«With a flake?», fragt der Verkäufer, als Tommi dran ist.

Tommi hat keine Ahnung, was ein «flake» ist.

Aber das Mädchen an dem Tisch vor ihnen dreht sich lachend um.

«Sokolade!», ruft sie Tommi zu. «Smeckt gut!»

Sie hält ihr Eis hoch, um Tommi den Schokoladenriegel obendrauf zu zeigen. Sie hat blonde Haare und Sommersprossen. Genauso wie ihre Freundin neben ihr. Und rote Clogs an den Füßen.

Sie kommen auf keinen Fall aus England, denkt Tommi. Aber deutsch sind sie auch nicht.

«With flakes?», wiederholt der Verkäufer ungeduldig.

«He, pennst du?»

Karl rammt Tommi seinen Ellbogen in die Seite.

«Yes, please», sagt Tommi.

Das Mädchen mit den roten Clogs zeigt auf die beiden leeren Stühle an seinem Tisch.

«Sie können an unseren Tisch niedersitzen, wenn Sie mögen.»

«Hä?», macht Karl. «Meinen die uns?»

A week later...

〰 Nine

Tommis Füße brennen. Als er stehen bleibt, um sich seine Fußsohlen anzugucken, sind sie rot und wund.

Tommi blickt kurz in die Richtung, aus der er gekommen ist. Mindestens zwei Kilometer muss er jetzt schon barfuß über den rissigen, rauen Beton der Strandpromenade gelatscht sein. Ganz hinten sieht er die letzten Häuser von Bournemouth. Die Luft flimmert in der Hitze. Und die anderen liegen garantiert schon längst am Strand. Nur Tommi musste es ja mal wieder besser wissen. Und statt, wie alle anderen auch, mit der kleinen Fähre zu den Dünen von Hengistbury Head überzusetzen, hat er den Bus nach Bournemouth genommen. Barfuß! Und mit seinem Bademantel. Weil er fand, dass das irgendwie cool aussah, zusammen mit dem Batik-T-Shirt, das ihm jetzt verschwitzt am Rücken klebt. Und das alles nur wegen Lise. Die heute Morgen nicht zum Unterricht erschienen ist. Aber Kirsten, ihrer Freundin, einen Brief an Tommi mitgegeben hat.

«*I will be in Bournemouth Winter Garden at two p.m.*», stand in dem Brief. Mehr nicht. Nur noch ein Herz dahinter und ihr Name: «*Lise*».

Genau zehn vor zwei ist Tommi im Park gewesen. Aber

von Lise keine Spur. Auch nicht um zwei oder zehn nach zwei oder halb drei.

Um drei hat sich Tommi dann auf den Weg gemacht. Immer die Strandpromenade runter, als könnte ihn ein Fußmarsch bei glühender Hitze seine Enttäuschung vergessen lassen. Vorbei an kreischenden Kindern mit neonfarbenen Plastikschwimmtieren, an dicken Müttern unter bunten Sonnenschirmen und ungerührt von dem Trubel um sie herum tief und fest schlafenden Vätern mit rot verbrannten Beinen in kurzen Hosen und einer ausgebreiteten Tageszeitung als Sonnenschutz über dem Gesicht. Und mit Jungen und Mädchen in Tommis Alter, die erst noch mit Jeans und T-Shirt kreischend in der Brandung badeten und dann, je weiter sich Tommi vom Hauptstrand entfernte, immer öfter nur noch zu zweit im Sand lagen und sich manchmal zu allem Überfluss auch noch küssten. Genauso, wie sich Tommi den Nachmittag mit Lise ausgemalt hatte. Die ja aber nicht gekommen war, sondern ihn schlicht und einfach versetzt hatte!

Die Strandpromenade ist zu Ende. Tommi klettert über geborstenen Beton und vom Sand halb verwehte Eisenstreben. Rechts von ihm ist ein alter Anleger, der in die Brandung ragt. Das Holz ist dick mit Muscheln bewachsen. Am Ende des Anlegers steht ein Schild: ACCESS TO PUBLIC PROHIBITED BEYOND THIS POINT!

Tommi fragt sich, was das soll, dahinter ist ohnehin nur noch das Meer!

Er geht jetzt ganz vorne am Flutsaum. Der nasse Sand

tut seinen aufgeschrappten Füßen gut, auch wenn das Salzwasser im ersten Moment noch brennt wie verrückt. Ein paar fette Möwen fliegen kreischend hoch. Sonst ist nur das Geräusch der Wellen zu hören, die über die glänzenden Kiesel rollen.

Weit und breit ist kein Mensch mehr zu sehen. Aber Tommi hat die Karte, die bei Ron und Rosie im Flur hängt, genau vor Augen. Mit der Schlickbucht von Christchurch und der Halbinsel, die sich auf der anderen Seite am offenen Meer entlang von Bournemouth aus bis zur Flussmündung schiebt.

Irgendwo vor Tommi, wo die Dünen höher werden und sich als verschwommene Silhouette neben dem Strand abzeichnen, muss Hengistbury Head liegen. Wo die anderen sind. Und mit Sicherheit jede Menge Spaß haben.

Tommi zieht die Streichholzschachtel aus der Tasche, die er eigentlich Lise schenken wollte. Er nimmt das weiße Plastikpferd mit der Anstecknadel aus der Schachtel und wirft es in weitem Bogen ins Wasser. Dann wirft er die Schachtel hinterher. Und den getrockneten Seestern, den er gleich darauf halb verborgen unter einem Tangbüschel entdeckt, lässt er achtlos liegen. Soll Lise sich doch selber einen Seestern suchen, wenn sie gerne einen hätte …

Lise ist die Blonde mit den Sommersprossen und den roten Clogs, die Tommi und Karl beim Eisessen kennen gelernt haben. Vor genau einer Woche, als Tommi vor lauter Heimweh am liebsten sofort wieder nach Hause gewollt hatte. Und als es Karl kaum besser zu gehen schien.

Aber dann haben sie ja Lise und Kirsten kennen gelernt. Die beide aus Dänemark kommen und in Christchurch sind, um Englisch zu lernen. Genau wie Tommi und Karl auch. Wobei Lise und Kirsten eigentlich nicht mehr wirklich Englisch lernen müssen. Jedenfalls sind sie viel besser als Tommi und Karl. Was sich rausgestellt hat, als Tommi und Karl am nächsten Tag zum ersten Mal in die Sprachschule kamen. Und als Johnny Depp sie dann auf die verschiedenen Kurse verteilt hat ...

Irgendwie mussten Tommi und Karl da was nicht ganz mitgekriegt haben. Jedenfalls hatten sie immer gedacht, der Sprachkurs wäre nur für die Leute, mit denen sie im Bus hergekommen waren. Aber in Wirklichkeit waren da mindestens noch zehn andere Leute, die von sonstwoher kamen. Aus Frankreich und Holland und Spanien – und eben Lise und Kirsten aus Dänemark.

Gleich als Erstes mussten sie einen Test machen. Im Sprachlabor! Wo jeder einen Kopfhörer mit einem Mikrophon aufgesetzt bekam und dann irgendwelche komischen Sätze ergänzen sollte.

«My friend's name is ...», kam eine Stimme vom Band und dann nur noch Rauschen.

«Karl», hat Tommi ergänzt.

«Where's he from?», hat die Stimme gefragt.

«From Germany», hat Tommi brav geantwortet.

Aber dann wurde es schwierig.

«Where's his flat?»

Tommi hat einen Moment überlegt. Aber weil Karl ja nun

mal nicht in einer Mietwohnung wohnt, sondern in einem Reihenhaus, hat er gesagt: «He lives in a house.»

Die nächste Frage war: «What colour does your friend's t-shirt have?»

Tommi hat schnell über die Trennwand geguckt. Karl hatte wie üblich sein blaues Jackett an.

Also hat Tommi geantwortet: «My friend only wears jackets.»

Und immer so weiter. Bis endlich Pause war.

«Und was sollte das Ganze jetzt?», hat Karl gefragt.

«No idea», hat Tommi gemeint.

«I hate school», hat Karl festgestellt. «I want to go home.»

Aber der richtige Schock kam erst nach der Pause. Als sie nämlich in zwei Kurse aufgeteilt wurden, einfach wild durcheinander gewürfelt. Sodass Tommi mit Lise und Kirsten in dem einen Kurs landete, während Karl sich mit irgendwelchen Spaniern und Franzosen und Jana und Anna in dem anderen Kurs wieder fand.

«But we want to be together in the same class», hat Karl noch versucht zu argumentieren und auf Tommi gezeigt, «because we are friends.»

«Which is exactly why we don't want you in the same class», hat Johnny Depp erklärt, «we want you all to meet pupils from other countries, to make sure that you don't speak your own language all the time but use English as a means of communication instead.»

«Hä?», hat Karl gemacht, «aber ich habe überhaupt keine Lust mit irgendwelchen Leuten …»

«It won't take very long until you have learned to appreciate the idea», hat Johnny Depp behauptet.

Was natürlich mal wieder gnadenlos übertrieben war.

Klar, stimmte schon, Englisch als so was wie eine Hilfssprache zu benutzen war wirklich nicht so blöd, sonst hätten sie sich zum Beispiel nie mit Enrico unterhalten können, der aus Spanien kam. Oder mit Marion aus Frankreich. Aber das Problem war tatsächlich, dass sie gar keine Lust dazu hatten, sich mit Enrico zu unterhalten, der gleich am ersten Tag mit roten Turnschuhen und einer verspiegelten Sonnenbrille zum Unterricht kam und sich aufführte, als wäre er der Größte überhaupt. Was allerdings Jana nicht im Geringsten zu stören schien. Im Gegenteil! Sie fand den großkotzigen Enrico sogar eindeutig toll.

«You look great with your sunglasses», hat sie nach dem Unterricht geflötet und Enrico um eine Zigarette angeschnorrt.

«I always wear shades», hat Enrico mit einem Achselzucken genuschelt. «I have to protect my eyes from the sun. I don't want to die of eye cancer.»

Obwohl an dem Tag kein einziger Sonnenstrahl zu sehen war. Und obwohl Tommi noch nie was von Augenkrebs gehört hatte. Von Lungenkrebs dagegen schon …

Aber er hatte sowieso keine Zeit gehabt, noch lange über Enrico nachzudenken. Oder über Jana. Weil er sich ja mit Lise unterhalten musste. Und da stimmte es schon, was Johnny Depp gesagt hatte. Dass sich auf Englisch auch Leute unterhalten können, die eigentlich völlig andere Sprachen sprechen und sich sonst nie verstehen würden. Obwohl Lise ja sogar richtig gut Deutsch konnte. Nur Tommi konnte eben nun mal kein Dänisch!

«I won't speak a single word of German anymore, unless you start speaking Danish with me», hat Lise zu ihm gesagt.

Und von da an haben sie Englisch miteinander geredet. Lise hat Tommi erzählt, wie es bei ihr zu Hause ist. Und dass sie zum Beispiel fast alle Kinofilme im Original sehen, mit dänischen Untertiteln. Und Tommi hat erzählt, dass er erst ein einziges Mal einen Film mit Untertiteln gesehen hat.

«But it was a Turkish film and the subtitles were in French!»

«Your're kidding me!», hat Lise gerufen.

«No, I'm not», hat Tommi ganz ernst gemeint.

Und Lise hat ihm einen Vogel gezeigt. Aber sie hat dabei gelacht. Überhaupt hat Lise ziemlich viel gelacht in den letzten Tagen. Und meistens dann, wenn Tommi irgendwas gesagt hat. Sogar, wenn es gar nicht so witzig war.

«Die steht auf dich, Alter», hat Karl deshalb auch gesagt, «ist doch klar. Sieht doch ein Blinder mit Krückstock.»

Klar war allerdings auch, dass Karl ein bisschen eifersüchtig war. Aber das hat sich ziemlich schnell wieder gegeben. Weil Karl dann nämlich am zweiten Abend, als sie alle zusammen in Bournemouth bei Pizza Hut waren, Anna geküsst hat! Oder Anna hat ihn geküsst, das war nicht so ganz klar.

Tommi hat übrigens auch geküsst. Auch am zweiten Abend in der Pizzabude. Aber nicht Anna oder Karl, sondern Lise. Und auch erst, nachdem Karl und Anna schon mit Küssen angefangen hatten. Genauer gesagt sogar erst, nachdem Lise ihn dazu aufgefordert hat.

«Du må gerne kysse mig, hvis du har lyst», hat Lise gesagt. Das war zwar dänisch, aber Tommi hat es trotzdem verstanden.

In den nächsten Tagen haben sie sich dann noch öfter geküsst.

Nur Kirsten schien das nicht so richtig witzig zu finden. Aber Lise hat nur gelacht und gesagt: «Take ist easy!»

Einmal hat Tommi Lise sogar mit zu sich ins Reihenhaus genommen. Als er ganz genau wusste, dass Ron und Rosie zum Einkaufen waren und die drei Rotzlöffel mit Dog am Strand.

Erst haben Tommi und Lise zusammen im Wohnzimmer gesessen und Elvis gehört. Weil es nichts anderes gab.

«Oh baby, let me be your Teddy bear», hat Elvis gesungen. Und dann noch: *«Don't be cruel, a true heart is true, baby, I don't want no other love, oh don't be cruel…»*

Dann hat Tommi Lise sein Zimmer mit den rosafarbenen Wänden gezeigt. Und weil es ja nur einen Stuhl in seinem Zimmer gab, haben sie sich ein bisschen aufs Bett gelegt. Bis Lise kreischend wieder aufgesprungen ist und auf das schmale Fenster über der Tür gezeigt hat. An dem sich Ritchie, Mickey und Little David kichernd die Nasen platt quetschten.

Natürlich hatten die drei dann beim Abendessen auch nichts Wichtigeres zu tun, als Ron und Rosie brühwarm davon zu erzählen, dass Tommi mit Lise auf dem Bett gelegen hätte.

«They were cuddling each other», hat Mickey gesagt.

«They were hugging each other», hat Ritchie seinen Bruder verbessert.

«He was kissing her on the lips!», hat Little David gekräht. Und auch gleich noch vorgemacht, wie das angeblich ausgesehen haben sollte. Was ihm aber nicht so ganz gelungen ist, weil er gerade den Mund mit grellgrünen Erbsen voll hatte.

Tommi hat prompt einen roten Kopf gekriegt und irgendwas davon gestottert, dass sie sich nur ganz kurz mal aufs Bett gesetzt hätten, weil sie so müde gewesen wären.

«From the school lessons in the morning, you know …»

Aber Ron hat nur gegrinst und gemeint: «A boy your age needs a girlfriend, no doubt.»

Und Rosie hat gesagt: «Bring her for dinner some day, I'll make another lasagne for the two of you!»

Wobei sich Tommi nicht so ganz sicher gewesen war, ob Lise wirklich Rosies Lasagne mögen würde. Weil sie wahrscheinlich auch in Dänemark nicht unbedingt Lasagne mit Pommes und Erbsen dazu essen würden!

Aber zumindest eins war klar: Ron und Rosie waren eigentlich sogar ganz in Ordnung, auf ihre Art jedenfalls, und dass sie die drei Rotzlöffel am Bein hatten, dafür konnten sie ja nicht unbedingt was.

Zumindest hätte Tommi es deutlich schlechter erwischen können. So wie Karl. Dessen Gastmutter zwar immer noch solche Miniröcke trug, dass man fast blind davon werden konnte, wie Karl behauptete, aber die nicht im Traum darauf gekommen wäre, Karl irgendwas zu kochen. Sondern ihm nur kurz die Mikrowelle erklärt und ihm gezeigt hat, wo er das Toastbrot findet. Ansonsten hat Karl nur noch erzählt, dass sie stundenlang das Badezimmer blockiert, weil sie sich ungefähr zehnmal am Tag neu schminkt! Neulich musste Karl sogar heimlich in den Hinterhof pinkeln, weil er sich sonst glatt in die Hosen gemacht hätte. He had to pee in the backyard.

Aber wahrscheinlich fand Tommi inzwischen auch deshalb alles nicht mehr so schlimm, weil er gar keine Zeit mehr hatte, irgendwas schlimm zu finden. Weil er sich jede Minute darauf freute, Lise wieder zu sehen.

Sogar den Sprachunterricht fand Tommi ganz erträglich, und neulich hatte er sich sogar dabei ertappt, dass er Johnny Depp gar nicht mehr so blöd wie zu Anfang fand. Ernest, wie er ja eigentlich heißt, und der zwar manchmal immer noch irgendwelche komischen Sprüche machte, aber solange Tommi nur neben Lise sitzen konnte, war ihm alles andere egal. Und gerade gestern noch hatte Tommi überlegt, ob es vielleicht sein könnte, dass er … verliebt ist. Ein bisschen jedenfalls. He has fallen in love with her. He is in love with her. He loves her. Denn Tommi fällt beim besten Willen kein anderer Grund ein, warum er sich sonst jedes Mal, wenn er Lise sieht, so fühlt, als hätte er mindestens vierzig Fieber. Und als würde die Welt nur aus bunten Kringeln bestehen, die vor seinen Augen hin und her tanzen! Vor allem, wenn

Lise dann noch so Sachen sagt wie gestern erst. Als sie ihm mitten im Unterricht ins Ohr geflüstert hat: «I'd rather be alone with you, without Ernest and all the others! Only you and me ...»

Weshalb Tommi sich ja dann auch schon alles genau ausgemalt hatte. Oder ziemlich genau jedenfalls. Wie sie sich endlich heimlich in Bournemouth treffen würden. Ohne die anderen. Und dann Hand in Hand über die Strandpromenade schlendern würden, immer weiter, bis auch der letzte Engländer verschwunden wäre und es nur noch Lise und ihn gäbe.

Aber stattdessen latscht er jetzt alleine mit wunden Füßen über den endlosen Strand und hat keine Ahnung, was eigentlich los ist. Und warum Lise nicht gekommen ist.

♒ Ten

Tommi kann die anderen schon von weitem sehen. Direkt unterhalb der grasbewachsenen Klippe, wo die Dünen nur noch kleine Buckel und sandige Mulden auf dem Strand sind. Und er könnte wetten, dass die Figur ganz oben am Klippenrand Enrico ist. Wer sonst sollte mit ausgebreiteten Armen da stehen, als wollte er sich gleich hinunterstürzen? Womit auch klar ist, wer dann da gerade mit weißem T-Shirt und grauen Hosen unterhalb von Enrico auf dem Klippenpfad auftaucht. Karl natürlich, der keine Gelegenheit ungenutzt lässt, um Enrico die Show zu stehlen! Oder es wenigstens zu versuchen.

Eigentlich hat Tommi schon gar keine Lust mehr, sich jetzt zu den anderen zu setzen und dummes Zeug zu labern, als ob nichts weiter wäre. Außerdem werden sie ihn unter Garantie fragen, wo er überhaupt herkommt. Und wo Lise ist!

Aber selbst wenn er die Fähre nach Hause nehmen will, muss er erst mal an ihnen vorbei. Es sei denn, er kehrt um und latscht den ganzen Weg zurück, bis nach Bournemouth. Oder er schwimmt. Was vielleicht sowieso das Beste wäre. Er lässt sich einfach von der Strömung raustragen und spielt toter Mann. Bis er dann wirklich tot ist und die Fische an seinen Zehen nagen. Das hätte Lise dann davon, dass sie ihn versetzt hat!

Tommi starrt unschlüssig aufs Meer. Von den anderen weht Gelächter zu ihm rüber. Sie scheinen sich bestens zu amüsieren. Und noch haben sie Tommi nicht entdeckt.

Aber irgendjemand ruft, leise nur, aber Tommi hört es trotzdem ganz deutlich: «Hey!»

Tommi steigt auf einen Sandhaufen, um sich umzugucken. Und steht genau vor Lise! Sie hockt mit angezogenen Knien zwischen dem Dünengras und muss ihn schon die ganze Zeit beobachtet haben. Ihr Gesicht sieht verheult aus. Und sie guckt schon wieder woandershin.

Tommi hockt sich neben sie.

«Hey», sagt er leise und stößt sie mit den Schultern an. «What's the matter?»

Lise antwortet nicht.

«I was in Bournemouth», sagt Tommi. «But you weren't there.»

«I know», sagt Lise. Sie guckt Tommi immer noch nicht ins Gesicht.

«But why? I mean … I was waiting for you …»
«I didn't dare to meet you.»
«What?»
«Maybe I was afraid to be alone with you …»
«But …»

Tommi kapiert überhaupt nichts mehr. Sie hatte doch selber gesagt, dass sie mit ihm allein sein wollte! Und sie hatte ihm doch den Zettel geschrieben, auf dem stand, dass er um zwei im Park von Bournemouth sein sollte!

Lise dreht sich zu ihm um. Sie wischt sich die Tränen aus den Augen. Und plötzlich wirft sie ihm die Arme um den Hals und küsst ihn. So, wie sie ihn noch nie geküsst hat. Tommi kriegt kaum noch Luft. Aber er findet es gut, was sie da mit ihm macht. Und von ihm aus könnte es ewig so weitergehen …

Aber genauso unvermittelt hört Lise wieder auf. Allerdings lacht sie jetzt. Sie streicht sich eine Haarsträhne aus dem Gesicht.

«I'm a very complex person», sagt sie dann achselzuckend.

«What do you mean by … complex?»
«Difficult. Very difficult. – Do you hate me now?»
Tommi schüttelt schnell den Kopf.

«No! I was …» Er kommt nicht drauf, was «durcheinander» heißt.

«Nervous», sagt er stattdessen. «And then I wanted to drown myself. In the sea.»

Er zeigt aufs Meer.

Lise lacht.

«Yes», nickt Tommi ganz ernst. «And I've walked all the way, and now my feet are on fire!»

Er zeigt auf seine Fußsohlen.

Lise streicht mit den Fingerspitzen ganz sanft über die aufgeschrappten Stellen.

«Poor boy», flüstert sie.

«But what are you doing here?», fragt Tommi. «Why aren't you with the others?»

«I was hoping you'd do it», sagt Lise leise. «Walk all the way, I mean, and come over here and find me.»

So ganz kapiert Tommi es immer noch nicht. Aber es ist egal.

«Your eyes are green», sagt er, «like the sea.»

«You're a liar», flüstert Lise, «they're more brown than green.»

«No, they're green, believe me!»

«What the hell is this?», ruft Lise plötzlich. Sie zupft an dem Ärmel von Tommis Bademantel, als würde sie jetzt erst sehen, was Tommi anhat. «It's absolutely ridiculous! Did you really take the bus to Bournemouth with this thing on?!»

Tommi nickt. Klar, jetzt findet er es auch albern, dass er im Bademantel losgezogen ist, aber vorhin …

«My mother put it in my suitcase», versucht er zu erklären, «together with my walking boots and my winter anorak and … a pair of long underpants! I couldn't do anything against it, you know, my mother is very …»

«Caring …?» Lise kichert. «And you are a sissy?»

«A what?»

«A sissy! A boy who does everything his mother tells him to do …»

«Oh no», sagt Tommi, «not at all. But this thing …»

«Your bathrobe …»

«Yes, I thought it was exactly the right piece of clothing to meet … a very complex person!»

«Come here», sagt Lise und streift Tommi den Bademantel von den Schultern, um ihn dann wie eine Decke über ihre Köpfe zu ziehen.

«Like in a tent», flüstert sie zwischen zwei Küssen.

«Sag ich doch, dass es eine gute Idee war», flüstert Tommi zurück.

«A very good idea … what a clever boy you are!»

Aber gerade als Tommi ganz vorsichtig über Lises Brust streicheln will, hat er plötzlich das dumme Gefühl, dass sie nicht mehr alleine sind. Auch Lise hat irgendwas gemerkt. Sie hält Tommis Hand fest. Mit verschwitzten Köpfen tauchen sie unter dem Bademantel auf – und gucken genau in die grinsenden Gesichter von Karl und Anna, und der halbe Sprachkurs steht um sie herum!

Tommi springt so schnell hoch, dass er sich in seinem Bademantel verheddert und fast wieder hinfällt.

Die anderen lachen.

«No making love on the beach, please», ruft Enrico und grinst anzüglich. «There are children around.»

Wieder lachen alle.

Lise streckt Enrico die Zunge raus.

Und dann taucht zu allem Überfluss auch noch Ernest auf. Mit der Französin, die in Karls Gruppe unterrichtet.

Tommi hält Lise die Hand hin, um ihr aufzuhelfen. Sollen sie doch ruhig alle sehen, dass er und Lise …

«We've missed you», sagt Ernest, «but you're obviously enjoying yourselves.»

«No», stottert Tommi und merkt, wie er rot wird, «we are just … äh …»

«Yes, we were indeed», sagt Lise, «until you came and disturbed us.»

Ernest lacht.

«They know better than we do how to keep themselves busy!», sagt die Französin so laut, dass es alle verstehen. Aber sie guckt nur Ernest an dabei. Und diesmal wird Ernest rot! His face is flushing.

Enrico klatscht Beifall. Die anderen johlen und pfeifen. Nur Jana sieht aus, als wollte sie der Französin am liebsten ins Gesicht springen. Aber wenigstens ist die Aufmerksamkeit erst mal von Tommi und Lise abgelenkt.

«Hä?», macht Karl und rammt Tommi seinen Ellbogen in die Seite. «Haben die irgendwas miteinander, oder was?»

«Not yet», meint Lise. «Give them another day …»

«Another night», kichert Kirsten.

«Das dürfen die überhaupt nicht», sagt Jana sauer. «Das sind die Lehrer, die dürfen so was nicht!»

«Aber du, was?!», sagt Karl und nickt zu Enrico rüber.

Ernest blickt auf seine Uhr. Schon klar, er versucht so zu tun, als wäre nichts weiter.

«If we still want to go to the Hive Bar tonight, we'd better leave now.»

«In die Disco», erklärt Karl für Tommi, «wir haben vorhin ausgemacht, dass wir alle zusammen in die Disco gehen, nach Bournemouth. Weil doch Freitag ist und wir morgen keine Schule haben!»

Tommi guckt zu Lise.

«I love dancing», sagt Lise.

Ernest und die Französin gehen vorweg. Wobei Ernest eindeutig bemüht ist, dass sie sich bloß nicht durch Zufall berühren. Enrico ist dicht hinter ihnen. Er macht schon wieder eine Show. Er macht Ernests Gang nach und tut so, als würde Ernest eng umschlungen mit der Französin gehen und sie küssen. Aber als er sich dann grinsend zu Jana umdreht und ihr den Arm um die Schulter legen will, schlägt sie unwillig seine Hand weg.

Ein paar englische Familien räumen ihre Liegestühle und Sonnenschirme in die bunten Badehütten neben dem Bootsanleger. Das Boot kommt gerade über die Flussmündung getuckert.

Da sie fast zwanzig Leute sind, müssen sie sich in zwei Gruppen teilen. Tommi und Lise sind mit Karl und Anna bei der ersten Gruppe. Zusammen mit Ernest. Jana wartet, bis Enrico ins Boot gestiegen ist, dann dreht sie sich plötzlich um und stellt sich zu der Französin und den anderen, die erst bei der zweiten Fahrt mitkönnen. Enrico zieht die Augenbrauen zusammen und ruft ihr irgendetwas auf Spanisch zu, was nicht sehr freundlich klingt.

Die Französin scheint ihn verstanden zu haben. Sie gibt ihm eine schnelle Antwort, auch auf Spanisch, woraufhin Enrico verächtlich die Mundwinkel verzieht und sich einen Platz ganz vorne im Boot sucht, weit von den anderen entfernt.

«Slechtes Laune», flüstert Lise in Tommis Ohr, «gar nicht sön.»

«Söne Seiße», flüstert Tommi zurück.

Lise kichert.

Irgendwie gönnt Tommi es Enrico, dass ihm mal jemand die Meinung gesagt hat. Auch wenn es wahrscheinlich nichts hilft. Aber Enricos Getue geht allen auf die Nerven, nicht nur Tommi. Obwohl er auch nicht kapiert, was mit Jana los ist. Erst fand sie Enrico ja eindeutig absolut toll und plötzlich ... Egal. Hauptsache, Lise ist bei ihm. Sie hat ihren Kopf an seine Schulter gelegt. Ihre Haare kitzeln ihn in der Nase, aber Tommi bleibt ganz ruhig sitzen, während das Boot in weitem Bogen gegen die Strömung ansteuert.

«We've got very strong currents here», ruft der Fährmann und zeigt auf die Warntafeln am Ufer, «last summer two lads drowned, and we never found their bodies.»

«Warum past tense und nicht present perfect?», fragt Ernest und guckt zu Tommi und Karl. Er grinst dabei. Aber er will eine Antwort, so weit kennt Tommi ihn inzwischen. Und sie haben auch gerade erst heute Morgen im Unterricht lang und breit darüber geredet, wann past tense benutzt wird und wann present perfect.

«Hä?», macht Karl, «weiß ich doch nicht.»

«Last summer», sagt Tommi und wundert sich selber, dass er nicht mal mehr groß nachdenken muss. Aber das zumindest ist ganz einfach. Der Engländer denkt nur anders. Wenn etwas abgeschlossen ist, also vorbei, benutzt er die Vergangenheit, auch wenn das auf Deutsch komisch klingen würde: ‹Sie ertranken› und nicht ‹sie sind ertrunken›. Und weil sie die Leichen ja nicht gefunden haben, gleich nochmal Vergangenheit. Wenn sie die Leichen dagegen bei sich im Boot hätten, müsste es heißen: we have found their bodies.

«Und wenn sie immer noch suchen würden?», fragt Ernest, als hätte Tommi laut überlegt. «Since the two lads drowned …»

«We have been searching for their bodies», bringt Tommi den Satz zu Ende.

Ernest nickt zufrieden.

Aber der Fährmann schüttelt den Kopf.

«No, we haven't», sagt er. «We stopped searching after one week. They were probably washed ashore somewhere in France.»

Er zeigt aufs Meer hinaus.

«Stop that, please», ruft Lise, «I don't want to hear about drowned bodies anymore!»

Ernest lacht.

Und Lise dreht ihren Kopf zu Tommi und flüstert ihm ins Ohr: «From the moment I saw you for the first time, I have wanted to be your girlfriend …»

Klar, keine ing-Form, Lise ist ja jetzt seine Freundin!

♒ Eleven

Sie verabreden sich an der Bushaltestelle in der Castle Road. Lise und Kirsten und Anna und vor allem die meisten anderen Mädchen wollen vorher nochmal zu ihren Gasteltern, um Bescheid zu sagen und schnell noch was zu essen, bevor sie dann alle zusammen nach Bournemouth fahren.

«We meet about eightish», ruft Ernest zum Abschied. «There's a bus every ten minutes.»

«Wann?», fragt Karl.

«Um acht rum», antwortet Tommi automatisch, während er hinter Lise herguckt und hofft, dass sie sich nochmal umdreht, um zu winken. He is looking back to see if she is looking back to see if he is looking back at her.

«Bescheuert», meint Karl, «kann er doch gleich sagen!»

Lise dreht sich um und winkt.

Tommi winkt zurück.

«Bist du eigentlich irgendwie verknallt, oder was?», fragt Karl.

«Und du?», fragt Tommi zurück.

«Geht so», sagt Karl. Um gleich darauf zu fragen: «Kann ich nicht einfach mit zu dir? Ich habe keine Lust auf meine Minirock-Tante, außerdem ist sie wahrscheinlich sowieso nicht da ... und zu dir ist auch näher!»

«Klar», nickt Tommi und grinst, weil ihm etwas einfällt. «Aber ich warne dich», sagt er, «Ron kann nämlich Deutsch!»

«Na und?», meint Karl, «ist doch gut!»

Als sie bei Tommi ankommen, dröhnt ihnen laute Musik durch die offene Tür entgegen. Elvis natürlich. Jailhouse Rock. Tommi kennt die meisten Songs inzwischen schon fast auswendig. Aber Karl hat natürlich keine Ahnung.

«Hier wohnst du?», stammelt er und starrt irritiert auf die drei Rotzlöffel, die im Flur eine Pyramide aus Stühlen aufgebaut haben. Auf dem obersten Stuhl sitzt Little David. Seine Arme sind mit einem Abschleppseil an die Lehne gefesselt. Und Ritchie und Mickey bewerfen ihn mit zusammengeknülltem Zeitungspapier, das sie vor jedem Wurf an dem Wasserschlauch draußen vor der Tür ordentlich nass machen.

Little David kreischt jedes Mal vor Vergnügen, wenn ihm wieder ein Zeitungsball vor den Kopf klatscht. Und Dog springt hin und her und versucht, die Bälle im Flug zu kriegen. Die Pyramide wackelt gefährlich. Dog kläfft. Ritchie und Mickey feuern sich gegenseitig an.

Karl starrt fassungslos auf das Chaos vor ihm.

Elvis singt: *«The warden threw a party in the county jail, the prison band was there and they began to wail ...»*

«This is my friend Karl», brüllt Tommi gegen den Lärm an. Was aber niemand auch nur im Geringsten interessiert.

«Where is Rosie?», unternimmt Tommi einen zweiten Versuch.

«At the neighbour's», brüllt Ritchie zwischen zwei Würfen zurück. «Next door!»

«And Ron?»

«On the John!»

«Ron sitzt auf dem Klo», erklärt Tommi für Karl. «Das kann dauern. Los, komm, wir machen uns schon mal was zu essen!»

Karl stolpert hinter Tommi her in die Küche.

«Ist das immer so hier?», fragt er, nachdem Tommi die Tür zugemacht hat.

«Meistens», nickt Tommi, «manchmal macht auch Ron noch mit. Tut so, als ob er Elvis wäre und so ...»

Tommi verbiegt ein bisschen seine Hüften.

«Hä?», macht Karl, «wer ist jetzt Elvis? Wohnt der auch hier, oder was?»

Tommi grinst nur und holt das Weißbrot aus der Schublade. Er macht eine Dose Thunfisch auf, schneidet das Brot in dreieckige Scheiben und belegt die Dreiecke fingerdick mit den Fischstückchen. Er genießt es, Karl zu zeigen, dass er sich bei Rosie und Ron benehmen kann, als wäre er hier zu Hause. Vor allem aber genießt er es, dass Karl absolut nicht mehr durchblickt. Und immer wieder ehrfürchtig zu Tommi guckt, während er von seinem Sandwich abbeißt.

Plötzlich ist es mit einem Schlag leise vor der Tür. Nur

Elvis singt noch: «*Hold me close, hold me tight, make me thrill with delight ...*»

Rons Stimme übertönt ihn trotzdem mühelos.

«Have you taken my bloody newspaper?»

Karl klappt vor Schreck die Kinnlade runter.

«Bloody ...?», stottert er.

«Keine Panik», beruhigt ihn Tommi. «Manchmal sagt er auch ‹fucking›. Oder ‹bloody fucking›. Aber er meint eher so was wie ‹verdammte Zeitung› oder so.»

Karl nickt mit offenem Mund.

Die Tür fliegt auf. Ron kommt reingestapft.

«This is my friend Karl», stellt Tommi Karl vor. «He's from Hanover, too.»

«Gutten Appetit, Herr General», brüllt Ron sofort und haut Karl begeistert auf die Schulter. «Alles klar?»

Karl spuckt ein paar Thunfischkrümel in die Gegend und stottert irgendwas wie: «Yes, thank you. I'm fine.»

Aber er ist eindeutig erleichtert, als sie zwanzig Minuten später endlich das Haus verlassen, um sich auf den Weg zur Bushaltestelle zu machen. Eine Weile sagt er gar nichts. Sondern latscht nur schweigend neben Tommi her.

Bis Tommi fragt: «Und?»

«Fucking nett, deine Familie», grinst Karl und haut Tommi auf die Schulter. «Echt, Alter, nur die Musik hat genervt, dieser ...»

«Elvis.»

«Genau. Fucking nervtötend.»

Aber Elvis ist nichts gegen das, was sie in der Hive Bar

erwartet. Nachdem sie den Bus um kurz nach acht gekriegt haben und Lise Tommi ins Ohr geflüstert hat: «I'm glad you're not wearing your bathrobe to the disco.»

Und nachdem jeder von ihnen fünf Pfund Eintritt bezahlt hat und sie sich alle zusammen vor einer Bühne wieder finden, auf der vier dicke, alte Männer mit langen, grauen Haaren so tun, als wäre noch 1970!

«I guess I've heard about them», erzählt Ernest, «I remember they had a major hit back in the seventies, a number one in the British charts!»

Wobei Tommi den schlimmen Verdacht hat, dass die Typen auf der Bühne nicht einen Hit hatten, der es zufällig auf Platz eins geschafft hat, sondern dass dieser Hit auch ihr einziger Song überhaupt war. Zumindest spielen sie ihn gleich dreimal hintereinander! Oder die Songs klingen alle gleich, das könnte natürlich auch sein.

«*In the summertime*», singen die alten Männer, «*when the weather is high, you can stretch right up and touch the sky, when the weather's fine, you got women, you got women on your mind…*», und dann nur noch: «*Didididididi dididi dididi*», weil sie wahrscheinlich inzwischen den Text vergessen haben.

Jedenfalls stehen Tommi und Lise und die anderen ein bisschen ratlos neben der Tanzfläche und wissen nicht so recht, was sie eigentlich machen sollen. Zumal außer ihnen und der Band auch keine Menschenseele weiter in der Disco ist!

Nur Ernest hüpft vor der Bühne hin und her und scheint alles um sich herum vergessen zu haben.

Karl tippt sich an die Stirn und winkt Tommi mit sich zu einer Sitzecke. Wo er dann erst mal großzügig die Bierdosen verteilt, die er in seinen Jacketttaschen in die Disco geschmuggelt hat. Sie trinken und passen auf, dass der Barkeeper nichts mitkriegt. Zum Unterhalten ist es zu laut, und außer Ernest traut sich niemand auf die Tanzfläche. Aber plötzlich stellt Jana ihr Bier auf den Fußboden und zieht sich ihr Sweatshirt über den Kopf. Darunter hat sie ein Top an, mit ganz dünnen Trägern und irgendwelchen Glassteinchen, die im Discolicht bunt aufblitzen.

Jana geht zu Ernest rüber und fängt an zu tanzen. Ganz dicht tanzt sie im Kreis um Ernest herum, der ihr lachend zunickt und versucht, ihren Bewegungen zu folgen. Wobei nicht viel mehr rauskommt, als dass er wie wild mit den Armen und dem Kopf schlenkert. Was ziemlich albern aussieht.

Die Französin bestellt sich an der Theke einen Whisky und setzt sich mit ihrem Glas auf das Plüschsofa neben der Theke. Aber sie hat noch nicht mal genippt, da steht Enrico vor ihr. Tommi kann nicht verstehen, was Enrico fragt, aber es ist auch so klar: Er fordert die Französin zum Tanzen auf!

Die Französin schüttelt nicht sehr freundlich den Kopf und zündet sich eine Zigarette an. Enrico beugt sich vor, um ihr Feuer zu geben. Sie wedelt mit der Hand, als wollte sie eine lästige Fliege verscheuchen, und benutzt ihr eigenes Feuerzeug.

Enrico dreht sich abrupt um. Einen Moment starrt er die anderen an, die seinen missglückten Versuch beobachtet haben. Karl ist der Einzige, der es wagt, ihm direkt ins Gesicht zu grinsen.

Im gleichen Augenblick wechselt die Band zu einem langsamen Song. Der ganze Raum ist plötzlich in rotes Licht getaucht. Enrico macht zwei Schritte auf sie zu und streckt Lise die Hand hin. Und Lise wirft die Haare zurück und folgt ihm auf die Tanzfläche.

Tommi kapiert überhaupt nichts mehr.

«He», sagt Karl neben ihm, «was wird das denn?»

Lise hat ihre Hände auf Enricos Schultern gelegt und dreht sich langsam im Kreis mit ihm. Als er versucht, sie dichter an sich zu ziehen, schiebt sie ihn ein Stück zurück. Aber sie tanzt trotzdem weiter mit ihm!

Alle gucken jetzt zur Tanzfläche. Kirsten wirft Tommi einen kurzen Blick zu, als wollte sie ihn auffordern, irgendetwas zu tun. Aber er weiß nicht, was. Er merkt, wie ihm der Schweiß zwischen den Schulterblättern runterläuft.

Neben Lise und Enrico hat Jana ihren Kopf an Ernests Brust gelegt. Sie tanzt mit geschlossenen Augen.

Die Französin steht auf und bestellt sich noch einen Whisky.

Ernest macht sich behutsam von Jana los und kommt zur Theke. Bevor die Französin noch wirklich reagieren kann, hat er ihr einen Kuss auf die Wange gedrückt und sie auf die Tanzfläche gezogen.

Jana steht unschlüssig ganz alleine da und sieht irgendwie verloren aus.

«*Didididi didididididi*», startet die Band nochmal mit

ihrem Nummer-eins-Hit. Inzwischen sind auch ein paar Engländer in der Disco, langsam wird die Tanzfläche voller. Und Lise taucht lachend unter Enricos Armen weg und schiebt ihn zu Jana. Sie winkt Tommi zu, dass er kommen soll.

«Na los, Alter!», brüllt ihm Karl ins Ohr, «nun mach schon!»

Aber Tommi geht nur zur Theke und greift nach dem Glas, das die Französin stehen gelassen hat. Er kippt den Whisky in einem Schluck runter. Sofort schießen ihm die Tränen in die Augen. Er muss husten.

Karl tippt sich wieder an die Stirn und lässt sich von Anna auf die Tanzfläche ziehen.

Tommi starrt auf die fleckige Glasplatte der Theke. Als sich Lise von hinten an ihn schmiegt, bleibt er stocksteif stehen. Am liebsten würde er heulen.

Plötzlich blickt der Barkeeper hoch. Irgendwo weiter hinten in der Disco klirren Scherben. Jemand brüllt. Ein Stuhl fliegt in hohem Bogen durch den Raum. Die Band bricht mitten im Song ab. Ein paar Typen mit Glatzen kommen nach vorne zur Tanzfläche. Wobei sie rücksichtslos alles beiseite stoßen und treten, was ihnen im Weg steht.

«Trouble», stellt der Barkeeper fest. «The usual Friday night amusement.»

Er sagt es so, als wäre es nichts Besonderes. In aller Ruhe greift er unter die Theke und hält im nächsten Moment einen Baseballschläger in der Hand: «Let's get down to the nitty-gritty …»

Die Glatzen schreien sich mit den Musikern auf der Bühne an. Offensichtlich haben sie irgendwas an der Musik auszusetzen. Oder an den Musikern selber, das wird nicht ganz klar.

Als Karl sich mit Anna zur Theke verziehen will, rempelt er aus Versehen einen von den Glatzen an. Der ihn sofort am T-Shirt packt und vor sich herstößt, sodass Karl hilflos nach hinten torkelt.

Ernest versucht, die Glatze von Karl wegzuziehen. Aber dabei fängt er sich nur selber einen Stoß ein. Als die Französin dazwischengeht, greift Lise nach Tommis Hand.

Die Glatze ist eindeutig irritiert. Im selben Augenblick tritt ihn die Französin genau vors Knie. Er schreit auf und knickt zusammen.

Und dann geht alles ganz schnell. Ernest zieht die Französin und Karl mit sich zu dem Notausgang neben der Theke.

«Nichts wie raus hier!», ruft er Tommi und den anderen zu und reißt den Hebel nach unten, der die schwere Eisentür verriegelt. Die Tür schwingt auf und kracht scheppernd gegen die Wand.

Tommi und die anderen aus dem Sprachkurs sind nicht die Einzigen, die die Flucht ergreifen. Sie rennen alle in einem dichten Pulk die Straße runter, immer hinter Ernest und der Französin her, auch als längst klar ist, dass die Glatzen sie nicht verfolgen. Sondern wahrscheinlich lieber weiter die Disco auseinander nehmen. Oder sich mit der Band prügeln. Having a fight. Beating them up. Giving them a black eye ...

Sie bleiben erst wieder stehen, als sie am Eingang zum

Winter Garden sind. Lise hält immer noch Tommis Hand umklammert. Ein Taxi fährt hupend vorbei. Ernest blickt sie der Reihe nach an und sagt dann immer noch keuchend: «Have you seen Enrico? Or Jana?»

«I saw them leaving right behind us», sagt die Französin. «But where are they now?»

Karl zeigt zur anderen Straßenseite hinüber. Enrico und Jana kommen Arm in Arm angeschlendert, als wäre nie irgendwas gewesen. Und sie hätten nur einen Schaufensterbummel gemacht. As if they've just been window-shopping.

Ernest stößt erleichtert die Luft aus.

Enrico streckt die Hand aus und spreizt die Finger zum V. Dann verschwinden sie in einem Fastfood-Restaurant, ohne dass Jana auch nur zu ihnen rübergeguckt hätte.

«Sind die blöd, oder was?», regt sich Karl auf. «Mann, die gehen mir aber langsam echt auf den Zeiger!»

Lise stellt sich auf die Zehenspitzen und küsst Tommi mitten auf den Mund. Und diesmal drückt Tommi sie ganz fest an sich. He's holding her tight.

Twelve

Sie sitzen noch lange im Bournemouth Winter Garden auf dem Rasen. Tommi und Lise, Karl, Anna, Ernest und die Französin. Die übrigens Helen heißt. Also eigentlich Hélène, aber Ernest sagt einfach nur Helen, und sie scheint nichts dagegen zu haben.

Überall im Park sind Holzgestelle, an denen Windlichter aus buntem Glas hängen, die zu verschiedenen Figuren angeordnet sind, Sterne, Segelschiffe, irgendwelche Phantasiefiguren. Und überall lagern Leute, meistens Jugendliche, die Cider aus großen Glasflaschen trinken. Irgendwo spielt auch jemand Gitarre. Von den Skins lässt sich keiner blicken. Es ist immer noch so warm, dass Karl sogar sein T-Shirt ausgezogen hat. Allerdings wohl eher, um Anna zu imponieren.

Ernest erzählt von früher. Als es in den alten Badeorten an der englischen Südküste regelmäßig im Sommer Straßenschlachten mit Tausenden von Jugendlichen gab.

«Most of them were from London», erzählt Ernest, «and they went to Brighton for one reason only: to fight! To make trouble. It was not a few hundreds of them but a few thousands. The ‹Mods› and the ‹Teds›, that was how they called themselves. The Teds were motorbikers, wearing narrow trousers and pointed shoes, and their stars were Elvis and the old rock 'n' roll singers.»

Während die anderen, die Mods, Scooter fuhren, erzählt er weiter, Motorroller, mit möglichst viel Chrom und vielen Lampen am Lenker, «and they had parkas on, and their stars were The Kinks and The Who, with the drums very loud, and with distorted guitars even louder ...»

«Dis... what?», fragt Karl.

«Distorted, verzerrt, and the same riff on the guitar over and over: *dededededum, you really got me, dededededum ...*»

«Oh, I see», sagt Karl schnell, als Ernest anfängt zu singen, «like heavy metal!»

«Only better», nickt Ernest, «much better. But they had a lot of booze, they drank a lot of alcohol or took pills, and in the end they fought with everything they could get their hands on, with bottles and sticks and sometimes even chains!»

«But why?», will Lise wissen.

Ernest zuckt mit der Schulter.

«I think they didn't really know themselves, they only wanted to have some action, some thrill … it was quite the same as with the skins in the discotheque, I guess.»

Tommi denkt einen Moment darüber nach, ob Ron wohl damals auch zu den Teds gehörte. Wahrscheinlich. Und ob Ritchie, Mickey und Little David wohl später mal als Skins irgendwelche Diskos zerlegen würden …

Dann wollen Ernest und Helen noch ein bisschen am Meer spazieren gehen.

«To watch the silvery path of the moon on the water», erklärt Helen.

«And to look at the stars», nickt Ernest, aber es ist sowieso allen klar, dass sie einfach nur alleine sein wollen.

Und Helen guckt auch ziemlich entgeistert, als Karl sagt: «Great idea. We'll come with you!», und sogar aufsteht, als wollte er wirklich gleich losmarschieren.

«War nur ein Witz», sagt Karl dann und setzt sich grinsend wieder hin.

Sie lachen noch eine ganze Weile über Ernests und Helens

entsetzte Gesichter, und Tommi merkt plötzlich, dass das Bier und der Whisky zusammen nicht unbedingt die beste Mischung sind. Jedenfalls ist ihm irgendwie schwindlig, und als Karl von den Jugendlichen nebenan eine halbe Flasche Cider schnorrt, trinkt er lieber nichts mehr davon.

«What do you think?», fragt Anna, «did Jana really, I mean, when she danced with Ernest …»

«Sie ist deine Freundin», meint Karl, «das musst du am besten wissen!»

«Sie ist irgendwie komisch in letzter Zeit», sagt Anna leise, «I don't know what's wrong with her. Sie erzählt mir auch kaum noch was …»

«I guess she doesn't know herself», sagt Lise, «but no doubt she's a little bit in love with Ernest!»

Und dann beugt sie sich zu Tommi und flüstert: «As I am with you, and not only a little bit!»

«Knutschen», sagt Karl und zieht Anna zu sich.

Tommi legt seinen Kopf auf Lises Beine, und Lise gibt ihm ganz viele kleine Küsse, wobei ihre Haare ihn wieder an der Nase kitzeln.

Am liebsten wäre Tommi einfach so liegen geblieben, für immer. Aber es geht nicht. Er muss Lise noch etwas fragen, egal, wie schwindlig ihm ohnehin schon ist.

«Why did you do that …?», flüstert er.

«Do what?», flüstert Lise zurück.

«In the disco, with Enrico …»

«Puh!», macht Lise und streicht sich die Haare aus dem Gesicht. «Maybe I felt sorry for him, he looked so lonely at that moment, and it must have been a little shock for him to see Jana flirting with Ernest. And maybe I only wanted to know how far he would go, if he'd really try to kiss me ... I'm a very complex person, you know?»

«But why ... Enrico? He's a ...»

«A show-off? Eine angeberises Idiot? A nut? En store idiot?»

«What's a ... store idiot?»

«A swear word, a bad word in Danish. But», setzt Lise plötzlich ganz ernst hinzu, «listen! I decide, who I dance with. And as long as I'm only dancing with someone else, there's no reason for you to be jealous. Will you please get this into your head?»

Sie tippt ihm mit dem Fingernagel gegen die Stirn. Und Tommi flüstert: «I'll try.»

«That's not good enough.»

«I'll do my very best ...?!»

«Much better», lacht Lise und küsst ihn wieder.

Dann trinkt Tommi doch noch was von dem Cider. Und Lise auch. Aber jeder nur einen kleinen Schluck. Weil sie beide finden, dass Küssen mindestens genauso schwindlig macht wie Cider trinken.

«Even more so», flüstert Lise, «and it doesn't give you a headache in the morning.»

Und dann sind sie plötzlich fast alleine im Park. Die meisten Windlichter sind runtergebrannt, und Anna sagt: «Ich glaube, es ist besser, wenn wir jetzt mal nach Hause gehen.»

Karl ist ein bisschen betrunken und will unbedingt ein Windlicht klauen.

«Only one», nuschelt er, «as a present for my parents.»

Aber Tommi sieht deutlich, wie sich Karl zwei Windlichter in die Taschen seines Jacketts schiebt. Er sagt aber nichts, weil er denkt, dass er Karl am nächsten Tag eins abschwatzen wird. Aber ganz bestimmt nicht für seine Eltern, sondern für sich selbst. Zur Erinnerung.

Natürlich fährt mitten in der Nacht auch kein Bus mehr. Also müssen sie laufen. Und Tommi ist froh, dass er diesmal seine Turnschuhe anhat.

Es sind mindestens vier oder fünf Kilometer von Bournemouth nach Hause, immer an der Christchurch Road lang. Aber irgendwie kommt es ihnen nicht vor wie vier oder fünf Kilometer. Was vielleicht auch daran liegt, dass sie alle paar Meter stehen bleiben, um sich zu küssen.

«Kissing is the best thing you can do to make a long way short», kichert Lise. Und als ein Polizeiwagen langsam an ihnen vorüberfährt, wirft sie den Polizisten lachend einen Luftkuss zu.

Am Schlosspark in Christchurch muss Karl dann dringend pinkeln. Tommi eigentlich auch, aber als Karl die Idee hat, auf die Türklinke vom Parktor zu pinkeln, ist es ihm zu blöd. Und vor allem peinlich! Karl macht es trotzdem, und Anna und Lise verdrehen zwar die Augen, kichern aber dabei. Plötzlich ist der Polizeiwagen wieder da und hält direkt neben ihnen. The police are there. The cops have caught them. They are trapped.

«Can't you find your way home?», fragt einer der Polizisten ganz freundlich durch das offene Seitenfenster und leuchtet sie mit seiner Taschenlampe an, während Karl versucht, sich schnell hinter der Mauer zu verstecken.

«No problem, thank you», antwortet Lise ernst, «we've got two brave lads to look after us!»

«Don't get lost with your two heroes», grinst der Polizist und lässt die Taschenlampe wie zufällig über Karls Versteck streifen.

«Very nice policemen», meint Lise, als der Polizeiwagen weitergefahren ist. «Very friendly.» Sie dreht sich zu Karl um: «In Denmark they would probably have sent you to prison for peeing on a public door handle!»

Und Karl fällt tatsächlich drauf rein.

«Echt?», fragt er.

«Natürlich nicht», grinst Tommi, «store idiot!»

«Hä?», macht Karl, «was denn jetzt?»

Dann bringen sie erst Anna nach Hause und danach Lise.

Bei Karl ist im ersten Stock noch Licht.

«Mist, Mann, der Minirock ist im Badezimmer», stöhnt Karl, «und ich muss schon wieder pinkeln!»

«See you tomorrow», lacht Tommi.

«Sleep well in your Bettgestell», nuschelt Karl und braucht ewig, bis er den Schlüssel richtig rum im Schloss hat.

Ron und Rosie gucken Fernsehen, als Tommi reinkommt.

«How was your night at the disco?», fragt Ron, ohne den

Blick vom Fernseher zu wenden, wo gerade ein Typ, der kaum älter ist als Tommi, sein neuestes Kochrezept vorführt: chicken with strawberries. Und irgendwas dazu, das einfach nur aussieht wie Kartoffelbrei. Mashed potatoes.

«There was a band», erzählt Tommi. «But they weren't very good. Elvis is much better.»

«Elvis is God», nickt Ron zufrieden.

Von den Skins erzählt Tommi nichts. Und auch nichts davon, dass sie die halbe Nacht im Park von Bournemouth waren. Oder dass Karl ein bisschen betrunken war. Tipsy. Merry. Drunk. Und er selber auch.

«I'll go to bed», sagt Tommi, «good night.»

«Sleep well», nickt Ron, «sweet dreams!»

Als Rosie dann an seine Tür klopft, ist es schon längst wieder hell.

«There's a young lady at the door for you», sagt Rosie noch ein bisschen außer Atem von den Treppenstufen, «can I ask her up?»

Aber da kommen schon die drei Rotzlöffel in Tommis Zimmer gestürmt. Und hinter ihnen Dog. Und dann Lise! Mit einem Kleid, das so kurz ist, dass Tommi schnell noch mal die Augen zumacht. Nur, um sich sicher zu sein, dass er nicht träumt.

Ritchie macht seine Augen nicht zu. Im Gegenteil. Es sieht eher so aus, als würden sie ihm gleich aus dem Gesicht fallen. Und bei Mickey ist es kaum anders. Weshalb Rosie dann auch ganz schnell ihre Sprösslinge wieder einsammelt und sie vor sich her die Treppe runtertreibt. Dog loszuwerden ist ein bisschen schwieriger. Aber endlich sind Tommi und Lise alleine im Zimmer.

«Nice dress», sagt Tommi.

«Nice pyjamas», meint Lise und zeigt auf Tommis Schlafanzug mit den pinkfarbenen Elchen.

«My mother, you know …»

«Maybe you'd better change before I take you out for breakfast!»

«You do what?»

«We've got the whole day», lächelt Lise, «and I thought we could start with breakfast in a street café, and then we'll see. I've already asked Rosie, and she said it was okay …»

Das Problem ist allerdings, dass es in ganz Christchurch kein Straßencafé zu geben scheint. Nur den Eiswagen vorm Post Office, und der hat noch nicht geöffnet.

Lise zeigt auf das Schaufenster einer Bäckerei.

«What do you think of cream cakes for breakfast? We could buy some and sit in the castle gardens!»

«I'll have a pie», sagt Tommi. Neulich im Supermarkt hat er sich mit Karl zusammen einen «raspberry pie» gekauft. Einen kleinen runden Kuchen mit Himbeerfüllung. Unheimlich süß und matschig, aber gut. Und die Teigtaschen im Schaufenster sehen so ähnlich aus.

Lise folgt Tommi in den Laden.

«One of those pies, please», sagt Tommi.

«A Cornish Pasty?», fragt die Bedienung.

Tommi nickt.

Lise grinst und bestellt ein «strawberry tart», ein Törtchen mit Erdbeeren.

Sie sind kaum aus dem Laden, da beißt Tommi in seine Teigtasche. Er hat Hunger. Und ihm läuft schon das Wasser im Mund zusammen, wenn er nur an die süße Füllung denkt.

Er kaut. Einmal. Zweimal. Irgendwas stimmt nicht.

Das ist keine Himbeerfüllung in der Teigtasche. Die Füllung ist auch nicht süß ... das ist Fleisch! Fleischstückchen und noch irgendwas wie Kohl.

Lise kichert.

Tommi beugt sich zur Seite und spuckt seinen Bissen in den Gulli vor ihnen.

«Bäh! What is that?» Er starrt auf die angebissene Teigtasche in seiner Hand. Kein Zweifel, das Ding ist wirklich mit Fleisch gefüllt.

«Did you know that?», fragt er Lise, die immer noch kichert.

«I suspected it», sagt Lise. «But we can swap. I like meat pasties!»

«But it's cold!»

«As long as it's not alive, I don't mind», grinst Lise. «I'm Danish, you know, I'll eat anything!»

Sie tauschen.

«We are red, we are white, we are Danish dynamite», singt Lise lachend, während sie gleichzeitig drauflosfuttert, als wäre kaltes Fleisch in Blätterteig tatsächlich ihr Lieblingsessen. Tommi verdreht die Augen.

Das Törtchen ist lecker. Unter den Erdbeeren ist eine Schicht Vanillecreme.

Aber irgendwie ärgert sich Tommi. Er hat das Gefühl, als wäre er von der Frau in der Bäckerei reingelegt worden. Und dass Lise die Fleischpastete jetzt auch noch gut findet, ärgert ihn erst recht. Irgendwas muss ihm einfallen, womit er Lise mal verblüffen kann. Irgendwas, was sie ausnahmsweise noch nicht kennt ...

«I'll show you something», sagt Tommi und leckt sich einen Klecks Vanillecreme aus dem Mundwinkel. «Do you know what a shrinkhead is?»

Lise schüttelt den Kopf.

Tommi grinst.

Thirteen

Tommi zeigt Lise nicht nur die Schrumpfköpfe im Schaufenster des Antiquitätenladens, sondern auch gleich noch, wo der Hausarzt von Ron und Rosie seine Praxis hat. Und wo die Kneipe ist, in die Ron manchmal geht. To meet his mates.

Bis Lise sagt: «I do like sightseeing and beauty spots such as shrinkheads in shops windows and doctors and pubs, but don't you think we could do something else now? I mean, before I've worn my shoes out ...?»

«We could go to Mudford Bay», schlägt Tommi vor, «and

see if we can get a pedalo! Karl and Anna wanted to go there today …»

Lise schüttelt den Kopf.

«I'd rather spend the day without the others. And I don't want to be eaten by millions of mosquitoes!»

Stimmt. Die Mücken in der sumpfigen Bucht stürzen sich unter Garantie auf jeden, der es wagt, mit dem Tretboot im Schilf herumzukurven.

«And if we just go back to the beach and …»

«And?»

Tommi zuckt mit der Schulter.

«Go swimming and … lie in the sand.»

«And kiss?»

Tommi nickt.

«But you don't have your bathrobe with you», sagt Lise und kichert. «And if you want to kiss me you can do it right now!»

Sie dreht ihr Gesicht zu Tommi und macht die Augen zu. Mitten auf dem Fußweg!

Tommi guckt sich um. Eine Frau hastet mit einer Einkaufstüte an ihnen vorbei. Ein Gemüsehändler kommt aus seinem Laden und guckt neugierig zu ihnen rüber.

«I'm waiting», flüstert Lise.

Der Gemüsehändler grinst.

Tommi beugt sich schnell vor und gibt Lise einen flüchtigen Kuss.

«More», flüstert Lise und zieht ihn an sich.

Sie küssen sich.

Tommi spürt die Blicke des Gemüsehändlers in seinem Rücken. Lises Lippen schmecken nach Cornish Pasty. Irgendwo hupt ein Auto.

Nein, nicht irgendwo, direkt neben ihnen!

Und eine Männerstimme ruft:

«Sorry to disturb you but do you have any other plans for today than kissing in the street?»

Ernest streckt lachend den Kopf aus dem Seitenfenster eines Kleinwagens. Irgendein japanisches Modell, aber mit Rechtssteuerung!

«We've just hired this old banger», erklärt Ernest und schlägt mit der flachen Hand auf das Blech der Fahrertür, «and we're heading for Salisbury. There's a medieval market this weekend which we want to see. You can join us if you like. We've got two empty seats in the back, and I promise not to look in the rear-view mirror if you want to go on kissing!»

«Yes, but …», fängt Tommi mit rotem Kopf an zu stottern.

Helen beugt sich an Ernest vorbei:

«Just say yes! And don't be afraid to spend a day with your teachers, we won't tell anyone!»

«Yes», sagt Lise.

Sie klettern auf die Rückbank.

«Let's hit the road», grinst Ernest und gibt Gas.

Ein bisschen komisch ist es schon, denkt Tommi, während sie aus Christchurch rausfahren. Vor noch nicht mal einer Woche fand er Ernest noch ziemlich blöd, und jetzt machen sie zusammen einen Ausflug!

Als Ernest in einen Kreisverkehr einbiegt, wird Lise gegen Tommi gedrückt. Aber als sie dann auf der Landstraße sind, rückt sie nicht wieder weg von ihm, sondern bleibt so sitzen, mit ihrem Bein ganz dicht an Tommis. Ihre Knie berühren sich. Lise schiebt ihre Hand hinter Tommis Rücken entlang und unter sein T-Shirt. Ihre Fingerspitzen streichen über seine Wirbelsäule. It's sending shivers down his spine.

Tommi nickt in Richtung Armaturenbrett und sagt: «She's doing fine, isn't she?»

«I doubt if you can call a Japanese car a *she*», sagt Ernest lachend und legt seine linke Hand auf Helens Bein.

«Mind the speed limit», sagt Helen. «We don't want to be stopped by the police for going too fast!»

Ernest nimmt den Fuß vom Gas, bis die Tachonadel bei ungefähr sechzig Meilen steht.

Meilen durch zwei und das Ergebnis dazu, also sechzig plus dreißig gleich neunzig Stundenkilometer, rechnet Tommi aus.

Sie reden über alles Mögliche. Helen erzählt, dass sie eigentlich aus Belgien kommt.

«But we moved houses and countries so often that I gave up counting», sagt sie. «From Belgium to the Netherlands to Spain and Portugal and France eventually. My father used to be a diplomat, and I'm glad I didn't end up in Greenland or Patagonia!»

«How many languages do you speak then?», will Lise wissen.

«Six, more or less fluently», sagt Helen, «but no Danish at all!»

Sie lacht.

«Maybe that's a place I should go to before I get old!»

«Du skal være velkommen til at komme og besøge os, hvis du kommer til Danmark. Vi har en store lijglihed med masser af værelser», sagt Lise.

«I didn't get a word», lacht Helen.

«Nor did I», erklärt Ernest.

«And you?», fragt Lise und bohrt Tommi ihren Zeigefinger in die Rippen.

Tommi schüttelt den Kopf.

«Dänemark ist eine sönes Land», flüstert ihm Lise ins Ohr, «und auch die Mädchens sind sön, mächtig sön!»

«I know», grinst Tommi.

«You'd better close the window and let down the blinds, James, I think, Lord Tommi and Lady Lise want to be on their own», lacht Ernest und tut so, als wäre er der Chauffeur in irgendeinem dicken Rolls-Royce und würde die Trennscheibe nach hinten schließen, damit Lord und Lady ungestört sind ...

Sie müssen das Auto schon ein Stück vor der Innenstadt von Salisbury abstellen.

Ein Traffic Warden winkt sie auf einen Parkplatz. Sie sind jedenfalls nicht die Einzigen, die zu dem Mittelalter-Markt wollen. Lange Schlangen von Touristen schieben sich in Richtung Kathedrale.

«Salisbury Cathedral is one of the oldest and biggest cathedrals in England, built in the 13th century», spielt Ernest den Fremdenführer. «And it's not only famous for its very high glass windows but even more so for the height of the nave. Until then only churches in France had such heights, and the English builders had serious problems. I don't remember how often the half finished walls collapsed into nothing but a heap of stones. It took them one hundred and thirty years to get the whole thing finished!»

Tommi hört nur mit halbem Ohr zu. Eigentlich interessiert ihn nicht besonders, wann die Kathedrale gebaut worden ist und ob das Kirchenschiff besonders hoch ist und die Fenster besonders schön oder wie oft das ganze Ding den Bauleuten zwischendurch wieder zusammengekracht ist, bevor sie den Bogen endlich raus hatten.

Aber Ernest ist restlos begeistert. Fast fürchtet Tommi schon, dass er gleich einen Fotoapparat rausholt, um sie der Reihe nach vor der Kathedrale zu fotografieren. Wobei ihm einfällt, dass er eigentlich eine Postkarte für seine Eltern kaufen könnte ...

An dem Stand mit den Schwarzweiß-Karten ist der Andrang nicht ganz so schlimm. Tommi findet eine Karte mit einer eingestürzten Steinmauer, die von Efeu überrankt ist. Nicht schlecht, denkt er, wahrscheinlich ein Bild aus der Zeit, als sie noch geübt haben.

WITH SINCERE SYMPATHY, steht auf der Karte.

Die Frau vom Postkartenstand gibt ihm sein Wechselgeld raus. Dabei guckt sie ihn irgendwie mitleidig an und sagt leise: «Poor boy. Who is it? Your grandmother?»

Tommi blickt zu Lise. Die zuckt mit der Schulter. Aber Ernest beugt sich vor und flüstert: «Sie will wissen, ob deine Großmutter gestorben ist. Du hast gerade eine Trauerkarte gekauft!»

Es ist eindeutig nicht Tommis Tag heute. Jedenfalls nicht, was sein Englisch angeht. Und natürlich will sich Lise am liebsten kaputtlachen über ihn, nachdem sie mitgekriegt hat, worum es geht. Auch Ernests Mundwinkel zucken verdächtig. Aber wenigstens Helen gibt sich alle Mühe, ihre Aufmerksamkeit auf irgendetwas anderes zu lenken.

«Look at all the craft stalls!», ruft sie und zeigt auf die Verkaufsbuden, die rund um die Kathedrale aufgebaut sind, «aren't they fantastic? And look at the jugglers in their costumes, and the fire-eater over there …»

Aber dann bricht sie plötzlich mitten in ihrer Aufzählung ab und dreht sich zur Seite. Tommi sieht, dass ihre Schultern zucken. Er braucht einen Moment, bis er es kapiert. Sie kann nicht mehr vor Lachen!

«Sorry», sagt sie dann, während sie sich noch die Tränen aus den Augen wischt, «I was just thinking of what you might write on your postcard: Dear parents, today I've visited Salisbury Cathedral. With sincere sympathy, your loving son …»

«Sehr witzig», meint Tommi nur.

Helen schüttelt den Kopf.

«It's frustrating», sagt sie dann und ist plötzlich ganz ernst, «who should know better than I do? But it happens again and again, just when you think you're a local already, a born Englishman, all of a sudden you realize that you don't even know the simplest things in everyday life!»

Tommi nickt. Helen ist echt okay, denkt er. Und dass es gut sein müsste, jemand wie Helen als Englischlehrerin zu haben. In seiner Schule, zu Hause. Oder auch Ernest. Ernest wäre auch okay. Aber Helen wäre noch besser ...

Eine Weile schieben sie sich durch das Gedränge. Die Jongleure sind nicht schlecht. Und der Feuerschlucker sieht ein bisschen aus wie Quasimodo persönlich.

Ein Stück weiter wird ein Ochse am Spieß gebraten. Daneben ist ein Stand mit einem handgemalten Schild: «Fortune-telling. Let the crystal ball tell your future!» Durch einen Spalt in dem Samtvorhang können sie einen kleinen Tisch sehen, auf dem eine Kristallkugel liegt. Die Wahrsagerin hat schwarz geschminkte Augen und winkt ihnen, dass sie reinkommen sollen. An ihrem Arm klimpert billiger Blechschmuck.

Schnell zieht Lise Tommi weiter.

«I don't like fortune-telling anyway», sagt sie, «I don't want to know about the future. I want to live now!»

Je weiter sie kommen, desto mehr Stände mit Blechschmuck gibt es. Ernest kauft einen silbernen Armreifen. Dann zieht er Tommi zur Seite und kauft einen zweiten Reifen, den er Tommi heimlich zusteckt.

«Give it to Lise when you think it's the right time to do so», sagt er.

«When we're looking at the silvery moon on the water?», fragt Tommi.

«Exactly», grinst Ernest.

Ein paar langhaarige Typen verkaufen selbstgemachte Marmelade und Honig. Homemade jam. Bee honey. Tattooing in henna. Hair beading. Wobei Tommi sich nicht ganz klar ist, ob in die Haare geflochtener Glasperlenschmuck wirklich was mit Mittelalter zu tun hat. Oder ob es im Mittelalter schon Typen mit Didgeridoos gab …

«Most of them are New Age travellers», erklärt Ernest, «kind of hippies. They go up and down the country with old vans or trucks which they use as mobile homes, and they live on selling cheap jewellery such as rings and bangles and necklaces, all made in Korea or Taiwan. – By the way», sagt er plötzlich, «have the two of you ever been to Stonehenge?»

«No», sagt Tommi. «But Rosie told me about it the other day. It must be great.»

«I know it's a huge stone circle», nickt Lise, «I've seen photographs, but I've never been there.»

«Let's take a look», schlägt Helen vor, die ganz eindeutig keine Lust mehr hat, sich noch länger zwischen den Ständen hin und her schubsen zu lassen, «it's not too far away!»

Erst, als sie schon wieder auf der Landstraße sind, erklärt Ernest, wieso ihn die Hippies vom Markt auf Stonehenge gebracht haben.

«It's an old religious site», sagt er, «a burying place probably, a place where the Celtic druids came together. And every year on Midsummer Night the hippies from all over the country gather there, smoking dope and making babies underneath the stars …»

Tommi kann sich kaum vorstellen, wie es dann zur Mittsommernacht in Stonehenge aussehen mag. Als sie jetzt auf die Hügelkuppe kommen, sind jedenfalls nur Touristen da, die sich gegenseitig vor den aufrecht stehenden Steinen fotografieren. Wobei es eindeutig mehr Touristen als Steine gibt. Aber trotzdem wirkt der Steinkreis beeindruckend genug.

«All these huge stones are from the Welsh coast, more than four hundred kilometres away», erklärt Ernest. «And it was long before there were trucks or trains, so they built a bank of earth across the country, like a giant roadway, and they put the stones on logs and rolled them here …»

«Logs?», fragt Tommi.

«The trunks of big trees», sagt Ernest. «Hard to believe, but they really managed to do all that without any machinery, just with the muscle of thousands of people.»

«It's a mystic place really», flüstert Lise, «and I can understand the hippies very well. It must be great to be here for the longest night of the year …»

Auf der Fahrt zurück nach Christchurch legt Lise ihren Kopf wieder an Tommis Schulter. Es fängt an zu nieseln. Die Scheibenwischer quietschen monoton über die Windschutzscheibe. Im Radio läuft irgendein Song, den Tommi kennt. Aber er kommt nicht drauf, woher. Und plötzlich ist Elvis da. Elvis mit seiner Gitarre, der gerade ein Konzert in Stonehenge gibt. Nein, das ist gar nicht Elvis, das ist Ron! Und jetzt küsst Ron Rosie, genau vor dem großen Steingrab, auf dem plötzlich doch wieder Elvis steht und mit dem Hintern wackelt. Und Tommis Vater macht Fotos. Aber warum sieht Tommis Vater aus wie der letzte Hippie? Und seit wann spielt er eigentlich Didgeridoo?

«Hey, Tommi, wake up!»

Tommi schreckt aus seinem Traum hoch.

«Is anybody at home?», fragt Lise und tippt ihm mit dem Zeigefinger gegen die Stirn.

«Was?», fragt Tommi und blickt sich irritiert um. Es gießt in Strömen. Und sie fahren nicht mehr. Sondern stehen in irgendeiner Straße. Durch die Regentropfen hindurch sieht Tommi eine Lichtreklame blinken: CHINESE RESTAURANT.

«We're back in Bournemouth», sagt Lise, «and Ernest and Helen are inviting us for dinner! Or would you prefer to have another nap on the back seat?»

«N…no», stottert Tommi, «of course not! I'll come with you, I'm starving!»

Das China-Restaurant sieht nicht unbedingt so aus, dass Tommi es von sich aus gewählt hätte. Eine Gruppe Chinesen drängt sich vor ihnen durch die Tür.

«Go where Chinese people go», sagt Ernest, «and you can be sure that the food is excellent.»

Tommi nickt. Klingt einleuchtend.

Als der Kellner ihnen die Speisekarten in die Hand drückt, fällt Tommis Blick auf seine Jackettärmel, die am unteren Rand speckig glänzen und an den Ellbogen schon fast durchgewetzt sind. Aber auch das scheint Ernest eher überzeugend zu finden.

«The more worn-out the waiter's jacket, the better the

food», erklärt er leise und bestellt dann scharfe Gemüsesuppe für alle.

«As a starter», sagt er, «and then we'll have ...»

«I can lecommend ‹Son of the black dlagon›, Sir», sagt der Kellner, «vely good!»

Ernest nickt.

«For four, please ...»

Und Tommi starrt irritiert auf die Karte, auf der es nur ein einziges Hauptgericht gibt: Son of the black dragon!

〰 Fourteen

Auch am nächsten Morgen noch ist Tommi davon überzeugt, noch nie so gut gegessen zu haben wie gestern bei dem Chinesen. Und er könnte glatt schon wieder eine Portion «Sohn des Schwarzdrachens» vertragen! Aber stattdessen gibt es nur die üblichen Spiegeleier mit Speck und weißen Bohnen in Tomatensoße und labberiges Weißbrot dazu.

Ron will wissen, wie es in Salisbury war.

«Lots of hippies», sagt Tommi, «one of them with a didgeridoo ...»

«I don't like them», erklärt Ron, «they don't believe in Elvis.»

«What's a didgi...doi?», fragt Little David.

«A musical instrument from Australia», erklärt Tommi. «Like a big pipe. But I'm afraid you can't play Elvis on it.»

«I bet you can't!», ruft Ron und haut mit der flachen Hand auf den Tisch.

«It must be great to go to Australia», sagt Rosie und guckt zum Fenster raus in den Hinterhof mit der ausrangierten Waschmaschine und den Unterhosen auf der Leine. Es regnet noch immer, und die Unterhosen sehen aus wie zusammengeklumpte Lappen.

«You can go skiing in Australia!», erklärt Ritchie mit vollem Mund.

«No, that's Austria», sagt Ron.

«What does a didgidoi sound like?», will Mickey wissen.

Tommi versucht, den Klang eines Didgeridoos nachzumachen.

«Böööb», macht Tommi, «böööäää ...»

Alle lachen. Sogar Ron.

Dann versuchen die drei Rotzlöffel es selber. Und Dog heult dazu, wahrscheinlich, weil er sich an die Zeit erinnert fühlt, als seine Vorfahren noch Wölfe waren.

Bis Ron aufsteht und eine Elvis-CD einlegt. «In the Ghetto».

«*As the snow flies, on a cold an' grey Chicago mornin', a poor little baby child is born, in the ghetto ...*»

Ron singt wieder mit: «*And his mama cries, 'cause if there's one thing that she don't need, it's another hungry mouth to feed, in the ghetto ...*»

Ritchie klaut ihm schnell ein Stück Schinkenspeck vom Teller. Und Little David hupt wie ein Didgeridoo in den Refrain.

«What are you going to do today?», fragt Rosie.

«It's raining», sagt Tommi und zuckt mit der Schulter. «We wanted to have a beach party with a bonfire and a barbecue but ...»

«Don't worry. There'll be sunshine in the afternoon. They said on the radio there'd be a heat wave!»

«May I phone Lise?», fragt Tommi, «just to tell her. I've got no handy, you know, it has been stolen ...»

«You've got no what?»

«No handy ...!?»

Rosie guckt zu Ron. Ron dreht die Musik leiser.

«My handy has been stolen», wiederholt Tommi. Er macht eine Handbewegung, als würde er ein Handy ans Ohr halten.

«Oh!», ruft Ron, «your mobile!»

«But I thought ‹handy› was an English word», sagt Tommi irritiert.

«Definitely not», erklärt Ron. «It's a mobile, and that is that.»

Tommi kramt den Zettel mit Lises Nummer raus und nimmt den Hörer hoch. Die drei Rotzlöffel drängen sich dicht neben ihn, um nur ja kein Wort zu verpassen.

«He's calling his fiancée», kichert Mickey.

«No, they'e not engaged», erklärt Ritchie. «He just f...»

«Stop it, boys!», brüllt Ron dazwischen. «Go to your room!»

Mit langen Gesichtern ziehen die drei ab. Allerdings nicht ohne Tommi in der Tür nochmal die Zunge rauszustrecken.

Tommi wählt. Ron und Rosie tun plötzlich sehr beschäftigt. Ron kramt in seinen CDs. Als wäre nicht sowieso alles von Elvis und damit völlig egal, was er hört. Und Rosie stellt das schmutzige Geschirr zusammen und legt sich ihre Sachen für die morgendliche Plastikpferde-Produktion zurecht. Aber in Wirklichkeit lauern sie beide nur auf sein Gespräch mit Lise …

Lise meldet sich.

«Ich bin's, Tommi», sagt Tommi auf Deutsch, «wir können unsere Party machen. Heute Nachmittag soll die Sonne scheinen, und es soll noch richtig warm werden.»

«Sön», sagt Lise, «ich bringe eine Flasche Cider.»

«Dann mache ich Sandwiches. Um drei am Hafen?»

«Ich telephoniere die anderen», sagt Lise, «ich küsse dir.»

«Ich dich auch.»

Tommi legt den Hörer auf.

«That was a very short phone call», stellt Ron fest. Er klingt irgendwie ein bisschen enttäuscht.

«Yes», nickt Tommi, «and I spoke German.»

Tommi muss sich alle Mühe geben, nicht zu lachen.

«What does ‹Ick dick auck› mean?», will Ron wissen. «Is it something like goodbye? See you later?»

«Yes, exactly», nickt Tommi. «Your German is getting better from day to day!»

Aber dann findet er plötzlich irgendwie fies, was er da macht.

«I told her that the weather will be fine in the afternoon», erklärt er jetzt also doch noch, «and that we're going to have our beach party at Hengistbury Head. We'll meet at three at the ferry.»

«And ick dick auck», nickt Ron zufrieden. «Goodbye and see you later!»

«Genau», sagt Tommi.

Er zieht sich einen Stuhl an den Tisch und nimmt sich einen Haufen Plastikpferde. Rosie lächelt ihm dankbar zu und schiebt ihm eine zweite Zange hin. Aus dem Badezimmer über ihnen dringt plötzlich lautes Geschrei.

«Help!», schreit Little David, «they're putting my head in the loo! Daddy, help me!»

Dann hört man die Klospülung rauschen.

Ron springt fluchend auf, um seinen Jüngsten zu retten.

Rosie beugt sich zu Tommi: «I've got minced meat in the fridge, and there should be some frozen peas as well, and lasagne noodles. If you help me with the horse pins for another hour, I can make you a lasagne for your picnic afterwards. It's much better than tuna sandwiches, don't you think so?»

«Oh, yes», sagt Tommi verblüfft, «it would be great.»

Für einen Moment ist er fast versucht, Ron und Rosie und ihre drei Jungs zu der Party einzuladen. Aber dann lässt er es doch lieber bleiben. Nicht, dass Little David aus Versehen noch im Feuer landet. Oder Mickey von der Klippe fällt, während Ritchie gerade von der Strömung abgetrieben wird ...

Ron besteht darauf, Tommi mit dem Laster zum Hafen zu bringen. Was Tommi ganz recht ist. Er ist sich zwar sicher, dass Ron eigentlich nur neugierig ist und sehen will, mit wem sich Tommi trifft, aber die geblümte Picknicktasche, die Rosie ihm gepackt hat, wiegt mindestens so viel, als sollte er damit den ganzen Sprachkurs versorgen!

Die anderen gucken ein bisschen irritiert, als Rons Laster auf den Parkplatz einbiegt. Tommi winkt und wuchtet die Picknicktasche aus dem Führerhaus. Ron kurbelt die Scheibe runter und brüllt: «Ick dick auck!»

«See you later», ruft Tommi. Dann dreht er sich zu den anderen um und sagt: «I've got homemade lasagne. We can eat it cold, it's delicious!»

Ernest muss einen halben Fleischerladen leer gekauft haben. Er hat mehrere Plastiktüten neben sich, mit Würstchen und Grillfleisch. Karl hat nur eine Packung labberiges Toastbrot. Er zuckt entschuldigend mit der Schulter: «War nichts anderes da», sagt er, «der Minirock hat vergessen einzukaufen.»

«You could have bought something yourself», sagt Helen.

«No money», erklärt Karl.

Lise ist nicht die Einzige, die an Cider gedacht hat. Als sie ihre Sachen zum Boot schleppen, klirren in fast jedem Rucksack irgendwelche Flaschen.

Als Letzte kommen Jana und Enrico. Enrico trägt einen Sixpack Dosenbier. HELDENBRAU! Eine Dose hat er schon aufgerissen. Er nimmt nochmal einen langen Schluck, bevor er zum Himmel zeigt und sagt: «Is this what they call summer in England?»

«It is, boy, it is», nickt der Fährmann.

«Where I come from we've got forty degrees and more in summer», erklärt Enrico. Irgendwie klingt es verächtlich.

Aber der Fährmann sagt nur: «That's probably why you're so thirsty.» Er zeigt auf Enricos Bierdose, die fast leer ist.

«The beer tastes like cat piss», nuschelt Enrico und rülpst.

«Stop it, Enrico, get on board», mischt sich Ernest ein.

Als sie ablegen, dreht der Fährmann das Boot so in den Wind, dass gleich die erste Welle über die Bordwand spritzt, genau dahin, wo Enrico sitzt. Und allen ist klar, dass er es natürlich mit Absicht gemacht hat.

Enrico bückt sich und fummelt eine neue Dose aus dem Pappträger.

«You seem to like cat piss», meint der Fährmann, ohne eine Miene zu verziehen.

Ernest fängt ein Gespräch übers Wetter an.

«Yes, it's very close», bestätigt der Fährmann, «but it won't rain again. And the evening will be bright.»

«Great», sagt Ernest und grinst sie der Reihe nach an. Er scheint jedenfalls fest entschlossen, sich nicht die Laune verderben zu lassen. Obwohl Enrico nur sauer vor sich hin starrt und Jana die ganze Zeit so tut, als würde sie Ernest gar nicht kennen.

Es ist tatsächlich so schwül, dass sie nur ihre Sachen zu einer Dünenmulde kurz hinter den bunten Badehütten schleppen und dann erst mal alle ins Wasser gehen. Sogar Jana kommt mit. Nur Enrico hockt sich mit seinem Bier auf den alten Holzsteg, als würde er das alles für Kinderkram halten. Vor allem Ernest, der tatsächlich mit seinen Jeans baden geht!

«They're new», erklärt Ernest, als sie ihn auslachen, «and going swimming in them is the only way to really make them fit and look battered!»

Aber als er aus dem Wasser kommt und sich die nassen Jeans von den Beinen zerrt, ist das Gelächter erst recht groß. Der Stoff hat abgefärbt, und Ernests Beine sind leuchtend blau!

Die Mädchen fangen an, die Picknickvorräte auszupacken. Und die Jungen laufen ein Stück den Strand runter, um Holz für das Feuer am Abend zu sammeln. Und plötzlich ist auch Enrico wieder da und bringt einen halben Baumstamm angeschleppt.

Rosies Lasagne schmeckt richtig gut. Obwohl sie nur Ernests Taschenmesser haben und die Stücke mit den Fingern essen müssen, sodass bei jedem Bissen der Sand zwischen den Zähnen knirscht. Als Nachtisch hat Rosie ihnen selbst gebackene Muffins eingepackt, mit Heidelbeeren und Rosinen.

Von weit her hört man Donnergrollen, und draußen auf dem Meer zucken Blitze über den Himmel. Kleine, schwarze Fliegen kommen aus dem Sand gekrochen und setzen sich auf die Muffins.

«I like meat muffins», erklärt Karl grinsend.

«So do I», sagt Tommi und schnappt sich schnell den letzten Muffin.

Die Familien aus den Badehütten sammeln ihre Kinder

ein und hetzen zur Fähre. Obwohl es eher den Anschein hat, als würde das Gewitter schon wieder weiterziehen ...

«I'm still hungry», erklärt Karl und schielt zu den Grillwürstchen.

«Maybe we should start the fire now», schlägt Ernest vor, «just in case the thunderstorm comes back.»

Als die Flammen auflodern, wäre Tommi am liebsten alleine mit Lise. Aber das geht natürlich gerade nicht. Lise sitzt bei den anderen Mädchen, und sie können nichts machen, als sich immer mal einen Blick über das Feuer hinweg zuzuwerfen.

Vielleicht später, denkt Tommi. Vielleicht, wenn es dunkel ist. Dann kann er sich vielleicht mit Lise zu den Badehütten verdrücken und ... Von da sieht man bestimmt auch den Mond viel besser! Und dann kann er Lise auch endlich den Armreif schenken, den er die ganze Zeit mit sich rumschleppt.

Ernest und Karl improvisieren einen Grill aus ein paar Steinen und einem Gitterrost, den Ernest mitgebracht hat.

«Mist, dass wir keine Holzkohle haben», meint Karl.

«Charcoal would be better», nickt Ernest, «but the driftwood will do the job just as well.»

Sie legen die Würstchen zurecht.

«I'm going for a swim», erklärt Enrico unvermittelt. «Anyone want to join me?»

Er guckt zu Jana. Aber die zuckt nur mit der Schulter und lacht im nächsten Moment laut über irgendeinen Witz, den Anna gerade erzählt.

«Mann, nerv nicht», sagt Karl, «mach, was du willst.»

«Don't be too long», meint Ernest, «the sausages will be done in no time ...»

Enrico streift sich sein T-Shirt über den Kopf.

«Watch me jump from the pier!»

«Haha», macht Karl.

Als weiter keiner reagiert, dreht Enrico sich um und läuft durch den Sand zum Holzsteg.

Tommi ist der Einzige, der hinter ihm herguckt.

Enrico steht jetzt am Flutsaum. Er bückt sich, um seine Jeans auszuziehen. Aber dann geht er nicht da ins Wasser, wo sie vorhin noch alle gebadet haben, sondern klettert tatsächlich auf den alten Anleger.

Tommi beobachtet ihn, wie er nach ganz vorne geht, zur äußersten Spitze. Und wie er sich um die Warntafel herumhangelt: STRONG CURRENTS! NO SWIMMING!

«Hey, Jana ...», setzt Tommi an.

«Er macht es sowieso nicht», sagt Jana, ohne auch nur hochzublicken, «just let him have his show!»

Enrico balanciert jetzt auf der Kante. Er breitet die Arme aus, dann stößt er sich ab und – springt!

«Fuck!», sagt Tommi halblaut.

Von Enrico ist nichts mehr zu sehen. Die Warntafeln verdecken den Blick aufs Wasser.

Tommi rennt los, ohne lange zu überlegen.

Als er am Anleger ist, sieht er Enricos Kopf zwischen den Wellen auftauchen. Enrico winkt.

Verdammter Blödmann, denkt Tommi, soll er seine Show

doch haben! Außerdem schwimmt Enrico schon wieder in Richtung Strand.

Gerade will sich Tommi umdrehen, da hat er das Gefühl, dass irgendwas nicht stimmt. Enrico kommt viel zu langsam voran, obwohl er mit aller Kraft gegen die Wellen anzuhalten scheint.

Tommi klettert auf den Steg. Das Holz ist warm und riecht nach Teer. Tommi rennt ein Stück, bis er auf gleicher Höhe mit Enrico ist.

Enrico rudert jetzt wie wild mit den Armen, aber er kommt keinen Meter von der Stelle. Als er in Tommis Richtung blickt, sieht Tommi die Panik in seinem Gesicht.

«Hold on», brüllt Tommi, «keep swimming! I'm coming to get you!»

Tommi weiß, wenn er jetzt hier ins Wasser springt, kommt er in die gleiche Strömung. Er guckt sich um. Die anderen kommen gerade über den Strand gerannt. Ein Stück weiter rechts sitzen zwei Angler auf ihren Klappstühlen ganz vorne am Wasser. Sie scheinen noch gar nichts davon mitgekriegt zu haben, was passiert ist. Erst, als Tommi brüllt und zu ihnen rüberwinkt, gucken sie hoch.

«We need help!», brüllt Tommi, «there is someone in the currents!»

Die Angler reagieren so schnell, dass sie noch vor Ernest und den anderen auf dem Anleger sind. Sie haben ein aufgerolltes Seil dabei. Tommi hat keine Ahnung, wo sie es überhaupt herhaben. Vielleicht lag es irgendwo oder hing an einem der Holzpfosten des Stegs …

Enrico ist jetzt schon ein ganzes Stück vom Strand entfernt und treibt immer weiter ab.

Während die Angler zum Ende des Anlegers rennen, springt Tommi einfach ins Wasser.

«Hold on, Enrico!», ruft er wieder, «I'm coming!»

Noch kann er stehen, er spürt den Sand unter seinen Füßen, aber gleichzeitig merkt er, wie die Strömung an ihm zerrt. Er darf auf keinen Fall versuchen zu schwimmen, sonst ist er selbst verloren.

Er brüllt wieder zu Enrico rüber. Enrico soll denken, dass er wirklich käme, um ihn zu retten.

Die Angler werfen das Seil. Der erste Wurf landet zu weit von Enrico entfernt, das Seil klatscht nutzlos aufs Wasser. Der zweite Wurf gelingt besser. Enrico hat das Seil!

Irgendjemand legt Tommi den Arm um die Schultern und zieht ihn zurück. Ernest! Er muss Tommi ins Wasser gefolgt sein, weil er dachte, Tommi wollte wirklich zu Enrico schwimmen ...

Karl hält ihnen die Hand hin, damit sie wieder auf den Anleger klettern können. Dann stehen sie mit den anderen ganz vorne an der Kante und beobachten, wie die Angler versuchen, Enrico um den Steg herumzuziehen, auf die andere Seite, wo das Wasser ruhiger ist.

«We'll never get him out here», erklärt der eine, «we have to get him out of the current first!»

Immer wieder verschwindet Enricos Kopf unter einer Welle. Er spuckt Wasser. Aber seine Hände halten das Seil fest umklammert.

Jana schluchzt auf.

Endlich haben die Angler Enrico im ruhigen Wasser. Sie ziehen ihn noch ein Stück weiter, bis sie ihn unter den Achseln packen können und auf die Holzbohlen hieven.

Schwer atmend richtet Enrico sich auf. Sie starren ihn alle an, als wollten sie noch nicht so recht glauben, dass er wirklich gerettet ist.

Plötzlich tritt Jana vor und holt mit der Hand aus. Sie klatscht Enrico links und rechts ins Gesicht, dass sein Kopf wie willenlos hin und her pendelt.

«If she hadn't slapped his face, I would have!», stellt einer der Angler fest. Seine Stimme klingt nicht freundlich.

Jetzt drückt Jana ihr Gesicht an Enricos Brust und fängt an zu schluchzen. Er legt die Arme um sie. Aber er guckt niemand an, sondern starrt nur auf die Holzbohlen und die Pfütze, die sich um seine Füße bildet.

«Shit!», ruft Karl, «the sausages! Hey, Leute, wenn ihr keine Holzkohle wollt, dann beeilt euch!»

Ernest streckt den Anglern die Hand hin, um sich zu bedanken. Und Lise stellt sich auf die Zehenspitzen und drückt Tommi ganz fest an sich.

«Heroes are hard to find», flüstert sie dicht an seinem Ohr.

Weit draußen über der Isle of Wight zucken wieder ein paar Blitze über den Himmel.

〰 Epilogue

Es ist wieder Sonntag, eine Woche später. Tommi und Lise lehnen mit dem Rücken an der warmen Holzwand einer Badehütte. Sie haben das erste Boot genommen, und es ist noch so früh, dass außer ihnen kaum jemand am Strand ist. Aber sie waren sogar schon baden. Und sie haben sich schon geküsst, bis sie kaum noch Luft bekamen. In der Hütte, in der es nach Holz und nassen Handtüchern riecht und alles von einer feinen Sandschicht bedeckt ist. Und in der die Staubfussel im Sonnenlicht tanzen, wenn die Tür offen steht. So wie jetzt. Tommi hat nämlich einen Schlüssel für die Hütte. Von den Nachbarn von Ron und Rosie.

Überhaupt fühlt sich Tommi ein bisschen, als wäre er schon seit Ewigkeiten in Christchurch und würde jeden kennen und wissen, wer was macht. Was natürlich nicht stimmt. Aber umgekehrt ist es so. Jeder in Christchurch scheint inzwischen Tommi zu kennen. Seit er in der Zeitung stand: BOY SAVES FRIEND FROM DROWNING. Und ein Foto von ihm dazu, vor dem Haus von Ron und Rosie.

Obwohl Tommi ja eigentlich gar nichts weiter gemacht hat und es in Wirklichkeit die Angler waren, die Enrico aus dem Wasser gezogen haben. Und das Bild ist auch erst einen Tag später fotografiert worden, als Tommi von der Sprachschule nach Hause kam, wo ein Redakteur von der Zeitung gerade Rosie interviewt hat und wissen wollte, was sie ihm alles über Tommi erzählen könnte und so. Und Rosie hat eine Menge erzählt, was dann alles in der Zeitung stand. Dass Tommi fast schon zur Familie gehören würde und so was wie ein großer Bruder für Ritchie, Mickey und Little David wäre. Sogar, dass er am liebsten Lasagne mag, stand in der Zeitung. Und dass er immer noch die Bettdecke unter der Matratze vorzerrt. Aber wenn jemand sein eigenes Leben riskieren würde, um einen anderen zu retten, dann natürlich Tommi!

Irgendwie musste sich die Sache mit Enrico rumgesprochen haben, und wahrscheinlich hatten sie in der Zeitung gerade nichts Besonderes, worüber sie berichten konnten. Weshalb sie sich also auf Tommis Geschichte gestürzt haben, als wäre er so was wie der Held des Sommers. Vielleicht passiert in Christchurch sonst auch tatsächlich nie irgendetwas.

Der Einzige, der ein bisschen enttäuscht war, als er abends nach Hause kam und von dem Zeitungsreporter hörte, war Ron.

«I could have shown him my collection of Elvis' records», hat Ron gesagt, «I bet there's no one in Christchurch with a collection like mine.»

«And you could have shaken your hips like Elvis for a photo», hat Ritchie gemeint.

«And us, too!», haben Mickey und Little David gebrüllt.

Aber stolz waren sie dann doch, als die Nachbarn kamen,

um sich Tommi persönlich anzugucken. Und als Tommi ein Chicken Curry für Ron vom Inder am Hafen mitgebracht hat, hatte Ron fast Tränen in den Augen. Noch bevor er den ersten Bissen runter hatte!

Das Chicken Curry hat Tommi übrigens geschenkt bekommen, und auch für die Überfahrt mit der Fähre muss er nichts mehr bezahlen, seit sein Foto in der Zeitung war …

Lise kramt in ihrer Strandtasche.

«What are you looking for?», fragt Tommi und blinzelt in die Sonne.

«Abracadabra», lacht Lise und zieht einen Fotoapparat aus der Tasche. «Let's take some pictures!»

«Oh no», stöhnt Tommi und hält sich die Hände vors Gesicht.

«Oh yes, please, just to prove we've been here!»

«My parents take pictures all the time, it's boring!»

«The picture I'm thinking of is not boring!», lacht Lise und stellt den Fotoapparat auf eine halb unter dem Sand vergrabene Fischkiste. Sie drückt den Selbstauslöser und rennt zurück zu Tommi, zieht ihm die Hände vom Gesicht und – küsst ihn.

«I want it for the wall in my room, please …»

Tommi hat keine Chance. Der Selbstauslöser surrt, dann klickt der Verschluss.

Aber Lise hört trotzdem nicht auf, Tommi zu küssen. Und Tommi hat auch gar nichts mehr dagegen, geküsst zu werden.

«Don't you think it would be better if we went inside?»,

flüstert Lise nach einer ganzen Weile. «I remember an air bed in there, and perhaps we can close the door ...»

«I think that's a very good idea», flüstert Tommi zurück.

«Genug rumgeschlabbert, Leute, ihr habt Besuch!»

Karl steht vor ihnen. Wie üblich in grauer Hose und mit dem albernen Seglerjackett und blank geputzten Lederschuhen. Die er jetzt aber immerhin auszieht, um sich häuslich bei ihnen niederzulassen.

«You don't want to stay here, do you?», fragt Lise in einem Tonfall, der keinen Zweifel daran lässt, dass sie alles andere als begeistert ist.

«What else could I do on a boring Sunday morning?», fragt Karl grinsend zurück und fischt eine Packung Zigaretten aus seinem Jackett. «Smoke a fag and have a chat with my friends ...»

Er bläst einen Rauchring zu Lise rüber.

«You could go for a stroll along the beach and find yourself a local beauty that you can chat up», schlägt Lise schnippisch vor.

Karl zuckt mit der Schulter.

«Keine Lust», sagt er und guckt zu Tommi. «Frauen sind sowieso alle blöd.»

«You're really talking rubbish», sagt Tommi.

Aber dann tut ihm Karl irgendwie auch wieder leid. Weil es bestimmt nicht schön ist, ausgerechnet am Sonntag nichts zu tun zu haben. Und es ist schon klar, dass Karl auch lieber mit einem Mädchen zusammen am Strand wäre. Aber seit Anna ihm vorgestern erklärt hat, dass es vorbei ist, hat

Karl nun mal keine Freundin mehr und nervt die anderen. Besonders Tommi und Lise, die er ständig zu überreden versucht, irgendwas mit ihm zu machen.

Gestern waren sie sogar schon zusammen Golf spielen! Obwohl weder Tommi noch Lise wirklich Lust dazu hatten. Und Karl hat auch die ganze Zeit nur irgendwelchen Blödsinn gemacht, mit dem Golfschläger im Rasen rumgebohrt und sein voll gerotztes Taschentuch ins Schlagloch gestopft und solche Sachen, bis sie alle drei vom Platz geflogen sind.

Aber weder Tommi noch Lise hatten irgendwas davon gesagt, dass sie heute ganz früh schon zur Badehütte wollten …

«How did you know we were here?», fragt Tommi.

«Ich war erst bei deiner Familie», sagt Karl, «aber Ron hat erzählt, dass die Nachbarn euch den Schlüssel gegeben haben.»

Er schielt durch die offene Tür in die Badehütte.

«Ist ja scharf, das Teil. Ist ja sogar eine Luftmatratze drin, Mann! Und keiner kann was sehen, wenn ihr die Tür zumacht, was?!»

Tommi verdreht die Augen.

Karl drückt seine Kippe in den Sand.

«The beach is no ashtray for cigarette butts», sagt Lise.

Aber Karl achtet gar nicht auf sie.

«War übrigens gerade voll der Aufstand bei dir zu Hause», erzählt er Tommi stattdessen, «die drei Jungen haben nämlich euren Köter in den Laster gesperrt und den Schlüssel versteckt, aber dann wussten sie nicht mehr, wo! Echt, voll der Aufstand.»

«Speak English», fordert Lise ihn auf. «I want to understand all the interesting stories you have to tell us!»

Karl hört die Ironie nicht. Oder will sie nicht hören.

«It's too difficult in English», sagt er nur.

Aber plötzlich scheint Lise jede Hoffnung aufgegeben zu haben, dass Karl in den nächsten Minuten wieder verschwindet. Jedenfalls rückt sie jetzt neben ihn und erklärt ganz ernst: «As long as you're afraid of making mistakes, you'll never learn to speak a foreign language …»

Und dann fängt sie tatsächlich ein Gespräch mit Karl an. Obwohl der nun wirklich nicht unbedingt so aussieht, als wollte er sich ernsthaft unterhalten. Aber Lise stellt ihm trotzdem alle möglichen Fragen. Nach zu Hause, nach Deutschland und ob Karl noch Geschwister hätte und wie alt die wären und wo Karl mit seinen Eltern schon überall im Urlaub gewesen wäre. Und Karl antwortet. Und labert plötzlich los. Auf Englisch!

«We are five at home, I've got two older sisters, plus my father and my mother, and we've got a tomcat called ‹Tiger› …»

Irgendwie kommt sich Tommi ein bisschen veralbert vor. Was soll das denn jetzt? War es nicht gerade eben noch so, dass sie Karl am liebsten ganz schnell wieder loswerden wollten? Um alleine zu sein …?

Tommi steht auf und nimmt den Fotoapparat von der Fischkiste. Er macht ein Bild vom Strand. Mit dem Anleger, an dem Enrico fast ertrunken wäre. Und dann noch ein Foto von den bunten Badehütten. Und eins von ihrer Badehütte, mit Lise und Karl davor. Wobei er den Ausschnitt so wählt, dass man eigentlich nur Lise sieht. Und ein Stück von Karls Arm, mit dem er Lise gerade vor dem Gesicht rumwedelt. Weil er mitten in irgendeiner Geschichte ist, wie sie in der Schule mal das Klassenbuch geklaut und es dann verbrannt haben.

«We took it to a children's playground and burnt it, until there was nothing left but a few pieces of charcoal», erzählt Karl, «and there was a lot of trouble afterwards, even the police came to investigate!»

Tommi kennt die Geschichte auch, obwohl es in Wirklichkeit nicht bei ihnen in der Klasse war, sondern zwei Klassen über ihnen. Und Karl überhaupt nichts damit zu tun hatte. Aber das kann Lise natürlich nicht wissen.

«Do you have a writing pad with you and a pen?», fragt Tommi.

«In my bag», sagt Lise. Ohne auch nur zu fragen, was Tommi vorhat.

Und Karl hält ihm einen Kugelschreiber hin, ohne seinen letzten Satz zu unterbrechen.

«I'm going to write a letter to my parents», erklärt Tommi trotzdem.

«Do that», nickt Lise und beugt sich gespannt vor, um bloß kein Wort von Karls bescheuerter Geschichte zu verpassen.

Tommi setzt sich ein Stück entfernt von den beiden in den Sand.

«Dear Mum and Dad», fängt er an zu schreiben, *«I'm sitting on the beach, writing a letter to you. I wonder how you're doing at home. I'm doing very well here in merry old England. The weather is fine and I go swimming every day. Last week a boy from Spain nearly drowned, because there are very strong currents that tear you out to the Isle of Wight if you don't take care. Last year two people drowned and they haven't even found their bodies. They have probably been washed ashore in France. I guess it is not very funny to find a drowned person. Imagine you're just walking along the beach and stumble over a skull in the sand, with the eyes picked out by the seagulls. But the boy from Spain was rescued in the very last minute, so you don't have to worry. And there was a photograph of me in the local newspaper, which has something to do with the rescue, but I will tell you the whole story when I'm back home.»*

Karl muss gerade irgendeinen Witz erzählt haben. Lise lacht laut auf. Als Tommi zu ihr rüberguckt, wirft sie ihm eine Kusshand zu. Aber Tommi tut so, als würde er sich nur die Wolken am Himmel angucken. Und im nächsten Moment scheint Lise ihn auch schon wieder vergessen zu haben und beugt sich zurück zu Karl.

Tommi wischt ein paar Sandkörner von der Spitze des Kugelschreibers. Als er weiterschreibt, schmiert die Mine knirschend über das Papier.

«Ron and Rosie are very nice people. And I've even learned to cope with their three kids, who are not so nice but quite okay. The whole house is more like a nuthouse anyway, since

the three kids have very strange ideas about how to spend their time, like building a pyramid of chairs, with Little David fixed to the chair on top with a rope and seeing how long he will survive.

Have I told you that we went to Salisbury? The cathedral is very high. And there are lots of hippies who have many children because they haven't heard of contraception yet. That's what Helen and Ernest said, anyway. Helen is one of our English teachers, and she is together with Ernest, the other English teacher. Both are very nice and they invited us to a Chinese restaurant the other day. Whenever you go to a Chinese restaurant at home, make sure that the waiters have worn-out suits on, because only then the food will be good.

What more can I tell you? Oh yes, I've been invited to Spain, and not only me! Enrico said we can all come all together if we like. Enrico is the boy who nearly drowned, and his parents must be very rich. He told us that they have a summer house on the coast, and that there are no currents at all, only sharks sometimes, but only small ones and not too often. Maybe I'll go there next summer! But before that we'll go to London! Tomorrow, to be precise. The whole class will be going, and we are all looking forward to the trip, but the two of us probably more than the others. I bet you wonder who the two of us are! Well, me and Lise, and Lise is a girl from Denmark and she has got long blonde hair and red boots and freckles all over her nice little nose ...»

Ein Schatten fällt auf Tommis Blatt. Als er aufblickt, steht Lise vor ihm.

«Where is Karl?», fragt Tommi und guckt sich um. Er sieht Karl gerade noch zwischen den Badehütten in Richtung Anleger verschwinden. Karl rennt, als ob er es sehr eilig hätte.

«I sent him off!», sagt Lise und lächelt.

«But how ... did you do that? And why is he running? What did you say to him?»

«I told him that he's a nice guy but that he hasn't got a clue about girls. Otherwise he would have noticed that Kirsten has been in love with him since the very first day they met. And that she's probably sitting in the castle gardens of Christchurch right now, crying her eyes out ...»

«And she ...», stottert Tommi irritiert, «she's really, I mean ... with Karl?!»

«I guess Karl's not the only one who doesn't know much about girls», sagt Lise. Sie hockt sich vor Tommi. «Let me see what you've written!»

Bevor Tommi den Block wegziehen kann, ist sie schon wieder aufgesprungen und liest.

«What a nice letter», kichert sie dann, «pass me the biro, please!»

Lise greift nach dem Kugelschreiber und benutzt Tommis Rücken als Schreibunterlage. Sie kritzelt irgendwas auf das Blatt.

«He, was soll das?», beschwert sich Tommi, «it's a letter to my parents!»

«I know», sagt Lise und hält ihm den Brief vors Gesicht.

Ganz unten hat sie etwas dazugeschrieben.

«*Hi*», hat Lise geschrieben, «*I'm Lise. Sie haben eine sehr nettes Junges, and he's as much in love with me as I am with him.*»

THE END

Wolfram Hänel wurde 1956 geboren, studierte Germanistik und Anglistik und arbeitete als Plakatmaler, Theaterfotograf, Spiele-Erfinder, Studienreferendar und Dramaturg. Mittlerweile schreibt er seit vielen Jahren erfolgreich Kinder- und Jugendbücher, die in 14 Sprachen übersetzt worden sind. Er lebt mit seiner Frau und seiner Tochter abwechselnd in Hannover und Irland.

Englischlernen mit Spaß und Spannung!

Deutsch-englische Kinderbücher von Renate Ahrens

Hello Marie – alles okay?
Eine deutsch-englische Freundschaftsgeschichte
rotfuchs 21410

Hello Claire – I miss you
Eine deutsch-englische Freundschaftsgeschichte
rotfuchs 21330

Hey you – lauf nicht weg!
Eine deutsch-englische Freundschaftsgeschichte
rotfuchs 21365

Rettet die Geparde!
Detectives At Work Band 1
rotfuchs 21432

Vergiftete Muffins
Detectives At Work Band 2
rotfuchs 21464

In den Krallen der Katze
Detectives At Work Band 3
rotfuchs 21484

Don't tell anybody!
Die 3 Spürnasen
rotfuchs 21557

**My crazy family.
Hilfe, Conor kommt!**
Eine deutsch-englische Patchwork-Familiengeschichte
rotfuchs 21657

Das für dieses Buch verwendete FSC®-zertifizierte Papier
Lux Cream liefert Stora Enso, Finnland.